大叔之牆

サンの壁

掙脫男性優位主義的枷鎖，
日本首位全國性大報
女性政治部長的奮鬥實錄

Sato Chiyako 佐藤千矢子——著
高彩雯——譯

序言

女性政治記者所經驗的「高牆」

那是我剛當上政治記者不久的事，有一次晚上要去跑新聞之前，跟某大報男記者小酌幾杯，他對我說，「想從這麼多記者中出類拔萃、緊咬住政治人物的話，該怎麼做呢？就要思考該先『排擠』哪些其他家的記者。如果是我，大概會選擇先排擠女記者吧，因為最容易啊。」

當時，是海部政權下的一九九〇年代、自民黨最大派系經世會（竹下派，現在的茂木派）的全盛時期。

那位記者大概是用一種「所以妳要小心點喔」的輕浮態度來「勸告」我吧。可是，如果因為「是女性」這個理由就被排擠，根本無從小心起。

順道一提，所謂「排擠」，意味著你無法進入政治人物的會議，或是記者同業交換情報的場子。也聽過別的男記者有點自誇地說，「和政治人物熟起來的最好方法，就是一起玩女人。彼此都掌握對方的恥部，一下子就能和樂融融了。」

當然也不全是這種記者。不過，當時氛圍，是可以公開發出這種言論的。即使我感到不快，也不會反唇相譏，只能禮貌陪笑，安靜地聽。

然後，我茫然地想著，「如果真的被排擠了，只好靠『單槍匹馬』的方式取得情報，來和同業一決勝負了」。「單槍匹馬」就是一對一單獨採訪。「為了越過這面高牆，即使做不到男記者一點五倍的努力，至少也要付出一點二倍的努力才行吧。」

說到女記者，特別是政治線的記者，很多人也許會聯想到所謂「女強人」的形象。然而，真相可沒那麼帥氣。回顧我自己的記者生涯，也遇過相當悲慘的事。再說，現在說到「女強人」，一般人的想像，可能已經不是「帥氣」，而是「不想變成那樣」了。

我的政治記者生涯就這樣開始了，為了方便讀者更了解我的故事，在此想先簡單自我介紹。

我當上報社記者，是在一九八七年，〈男女雇用機會均等法〉實施的隔年。我進入「每日新聞」，先是在長野支局工作，而後於一九九〇年被分配到政治部。

擔任政治記者第一年的夏天，我負責跑首相官邸，也就是跟總理和官房副長官的線，那時，發生了伊拉克入侵科威特的波斯灣戰爭，是日本外交與安全保障政策的轉捩點。

一九九二年，我在跑自民黨竹下派那條線時，竹下派的會長，也就是時任副總裁的金丸信，收了東京佐川宅急便的五億日幣非法政治獻金，事跡敗露，因為事件相關的處理問題，導致竹下派的分裂。

隔年，我跑自民黨幹事長的線，那時，因為先前竹下派的分裂，再加上後來因選舉制度改革而產生的對立，又導致自民黨的分裂。眾院解散和總選舉的結果，非自民黨的細川聯合政權成立，自民黨淪為在野黨，二戰後，日本政黨政治的「五五年體制」[1]就這樣結束了。

1　編按：五五年體制，是指自一九五五年起日本政壇兩大黨對峙的常態格局。當年，自由黨與日本民主黨合併，成為自民黨，史稱「保守合同」，同時，社會黨也結束分裂局面，完成政黨整合。從此日本政壇便是自民黨與社會黨分庭抗禮，然而，這兩黨並未輪替執政，自民黨一直都是執政黨，直到一九九三年自民黨第一次下野。

之後，我在大阪社會部負責橫山knock[2]大阪府的政治事務採訪，從九一一恐怖攻擊後到伊拉克戰爭爆發期間，我身為特派員，派駐於美國華府，不過基本上我仍然是政治部的記者。

到了二〇一七年，我成為日本全國大報的首位女性政治部長。全國大報，指的是《朝日》、《每日》、《讀賣》、《日經》、《產經》這五大報。一直到「令和」改元前一天，也就是「平成」的最後一天——二〇一九年四月三十日為止，我已擔任政治部長兩年又一個月的時間了。

我一直很討厭「第一位女性」、「首位女性〇〇」等說法，關於這件事，我稍後再說，在此請容許我先省略。

我的政治記者生涯，和「平成」幾乎重疊。日本政治在冷戰體制崩壞後，進入了持續漂流、迷航、停滯的時代。

這本書，以這個時代為背景，想寫下關於一個女性政治記者所經驗、感受到的男性社會中的「高牆」。

我也是大叔嗎？

報社記者，雖然隸屬在公司底下，基本上仍是一匹孤狼。但是，成為管理階層以後，自然無法對公司和組織等事務置身事外。我當上政治部長之後，遇到許多令人困擾的事，尤其是「如何讓女性記者舒適地工作」，實在是很煩惱。

例如，每到人事異動的季節，公司方總會再三叮嚀：政治部也要多錄用女性記者，然而，地方支局和其他部門來徵人時，卻面臨志願者極少的現實情況，想跑政治線的人本來就不多，女性就更少了。畢竟政治線工作非常辛苦，而且政治圈生態獨特，一般人較難想像，因此也不容易對政治記者的工作產生熱忱。

在報社，受歡迎的部門每年都不太一樣，最近，比較多人想進的，是數位部門，或是跟生活議題有關的部門，另外，對外通訊部、運動部、學藝部、科學環境部等，看起來也好像很有人氣。

如今，提及女性就業，結婚早已不算阻礙，但遇上生產或育兒等人生大事，

2 譯註：橫山 knock（本名山田勇，一九三二—二〇〇七），曾為搞笑藝人，橫山 knock 為藝名。在參議院議員後，當選大阪府知事。因強制猥褻女大學生，於一九九九年辭職。

要能同時兼顧工作，克服困難，還是很不簡單。就像「單身育兒」這個詞所表現的，育兒也好，家事也好，加上職業婦女的工作，全部都得由女性一手承擔，完全沒有改變的感覺。在孩子長大到某個程度之前，很多女記者都被迫只能找短工時的工作。

當輪到自己負責人事工作時，我思考要如何說服女性記者進政治部，說服了以後，究竟要增加到幾個人呢？在政治部，如果有好幾位記者要請育嬰假，或是有很多只能短時間工作的記者，組織真的能順利運作嗎？到底該怎樣才能順利呢？進入政治部的新記者，才剛習慣工作，卻突然說出因為生產或育兒必須請長假，雖然那是理所當然的權利，不過，全體政治部能爽快地二話不說給予支持嗎？那位新記者不會被不正當地責備吧？我自己難道不會被質疑在人事錄用時太沒遠見了嗎？

若是錄用男性，幾乎就不會遇到上面這些煩惱了，我有點自我厭惡。本來男性也被鼓勵要休育兒假，所以，說那些是錄用女記者時才會遇到的煩惱，實在也很矛盾。這麼一來，我自己莫非也跟所謂的「大叔」沒兩樣了？我反省過自己，也許我也跟「厭女」的人沒有太大差別。

有過管理經驗的男性們，恐怕都曾經感受過類似的情緒吧。要超越那堵錄用女性的「高牆」，該怎麼做才好？我希望在本書思考這個問題。

日本社會的真心話？

稍微把視野擴大一些吧。

二〇二一年二月，東京奧運・帕運組織委員會會長森喜朗前首相，發出了蔑視女性的言論，被迫辭去會長一職。在日本奧運委員會（JOC）評議員會議上，當討論到要將女性理事增加到四成以上時，他說出了下列言論：

「有很多女性在的理事會很花時間。」

「如果有人舉手講話，女性就會以為自己也一定要說話。」

「有人說『增加女性理事的話，如果不好好確定發言時間的限制，會議就沒完沒了很煩』。」

「組織委員會裡如果有女性，大家都必須懂得分寸了。」

在會議中要不要說出自己的意見，並非是性別問題。隨意將女性的行為與此連結，並加以批評，是明顯的女性歧視。而且，恐怕森氏，說是介意會議時間，不如說是討厭不同於己的異己意見吧。排除異議，以大叔中心的「無異議」方式結束會議，他想延續這種會議形式，因此排除說出不同意見的人，那種想法清楚得不得了。明明表面上呼籲重視多元，卻是反其道而行的發言。

當時經團連的中西宏明會長，針對森的發言，表示：「我想日本社會好像是有這種真心話，也許就是不小心說漏了嘴。」

日本社會的真心話？那樣的日本社會，沒有女性立足之地吧。說漏嘴的不是「日本社會的真心話」，而是「大叔的真心話」吧。森發言後的種種反應，似乎將其發言視為問題，但對問題的本質理解到多深刻，大多令我抱持疑問。

女性政策的「騙局」

話說回來，為什麼有必要在各個領域增加女性員額？

第二次安倍政權以後，在「女性能發光的社會」「促進女性活躍」的吆喝口號下，女性政策受到提倡。二〇一四年秋天，安倍晉三首相在國會的就職演說中，提出「女性燦爛發光的社會」口號，隨即在不久之後，某個邀請厚生勞働省幹部的非官方學習會中，幹部一開口就說，「安倍說的女性政策啊，大家都覺得是騙局吧。我自己也一樣，好吧那我們就繼續看下去吧」。

彷彿是為了反駁這種「騙局說」，安倍政權在女性政策上相當努力，不過，我想「騙局」有兩層意思，第一層是在看「是否真有推行政策」，第二層則是「為何推行政策」的動機，動機是比較重要的。

目前所謂「促進女性活躍」的政策，重視的似乎是國家和企業的邏輯，「為了要在全球化社會中存活，需要多樣化觀點。想補足勞動力的不足，比起增加外國勞工，不如就先讓女性出來工作吧」的邏輯。

安倍政權中，經濟產業省出身的官邸官僚相當強勢，因此被稱為「經產省政權」。有一次，在聚集經濟產業省幹部的閉門讀書會裡，幹部用明瞭易懂的方式解釋，「少子化下的勞動力不足，要如何補足？安倍政權不想採用增加外國勞工的政策。這麼一來，只能讓女性和老人工作了。安倍政權的女性政策，就是這種東西。」

在內閣府二〇二一版《男女共同參與白皮書》的卷頭語裡，當時的丸川珠代男女共同參與大臣，首次提到在世界經濟論壇（WEF）的性別落差指數項目上，日本在一百五十六個國家中排名一百二十，她說：「（在我國）並不必然享有國際社會視為當然規範的性別平等理念，在全球化進行的狀態下，透過世界級的人才取得和投資的競爭，也是與日本經濟成長力有關的問題。」比起別的問題，她首先討論對日本經濟成長力的惡劣影響。

對這個邏輯本身，我沒有異議，但是女性活躍是為了經濟成長，這種觀點被放在最前面來敘述，我無法贊同。

我想問的是，「這樣一來，如果不需要面對全球化社會，就沒有錄用女性的必要了嗎？」「如果SDGs（持續可能的開發目標）沒列入性別平等的實現，那麼不認真看待也可以嗎？」

人口的一半是女性。被賦予和男性同等的權力，不是自然的嗎？不應該讓他們平等的工作嗎？不論是不是和國家的成長有關，作為人權尊重和男女平等社會的政策，不是應該實現的課題嗎？

這樣寫，很遺憾的，一定會有人急著出來幫我貼標籤，我想先說明，我並不熟悉女性主義理論，在政治上也不是所謂的左派。身為一介新聞記者，身為一個職業婦女，誠實思考的結果，就變成了這樣。

「大叔」是什麼？

對《大叔之牆》這本書的書名，很多人會覺得不舒服吧。我自己，光看書名，就能想起好幾個可能會很生氣的同事或前輩記者的臉。現在的媒體圈，仍是個很麻煩的男性社會。

但是，去揶揄大叔或是暴露什麼，並不是此書的目的。只是希望大家能理解我想要讓更多人輕鬆閱讀的意圖。我希望避免攻擊個人和扯上公司機密。

為何男性優位社會無法改變？育兒休業法等必要的法律陸續修法上路，縱使企業將其導入制度之中，若不伴隨著社會意識的革新，就很難持續。女性還是容易責怪自己，「明明制度都已經調整了，還會感到活得很苦，莫非是我個人的錯？」

實際上，我有一位女記者同事，三年前就遭遇過類似經驗。她被公司前輩拜託，在關於女性政策的座談會上講一個小時的話。男性前輩們在她講話時，都很熱心地點頭，然而一進入問答時間，他們卻說，「女性的社會參與已經這麼進步了，妳們還想要什麼？」

幸好我同事並不會一味自責，只是很憤慨地說，「那些大叔們什麼都不懂，我說了一個多小時，到底算什麼啊」，然後回來了。

我想，在男性優先的社會裡，「大叔」就是安居於舒適圈中的一群人，他們不理解那些自覺生存艱難、不自由、矛盾和悔恨的人們之心情和處境，所以普遍缺乏同理心。不，也許他們明白，只是故意假裝沒發覺，視而不見而已。因為不想改變現在這個為男性服務的社會，不願放掉手上的既得利益吧。

默認「男性優先」的社會，不論是自覺或不自覺，過於希望維持現狀，就會陷入想像匱乏的症狀。我想稱那種狀態或那種人為「大叔」。所以，當然男性裡面也有很多不是大叔的人，女性裡面也有很多大叔化的人。

關於女性面臨的問題，學者或研究者著作雖然很多，但從職業婦女觀點來書寫的還是比較少。這領域雖然存在很多問題，但若公開揭露出來，就有可能被公司或被社會踢出去——是不是因為這層顧慮呢？也許在十年前，我會猶豫是否該寫這本書，然而如今我已將退休，「前方剩下的人生，不論如何，應該總有辦法過下去吧」，於是下定了寫這本書的決心。

我也受到了「Z世代」[3]女性的支持，這些十幾到二十出頭女性們的聲音，給了我很大的動力。

「在就業活動中跑了很多公司，最多只看得到三十到四十幾歲職業婦女的典範角色。女性歧視明明就還存在，大家的行為卻好像女性歧視已經消失了一樣，真覺得這個社會有點古怪。」

我聽到了這種聲音。為了下個世代的女性們，我希望至少能幫上一點忙。具體來說，「大叔之牆」到底是個怎樣的東西？要怎麼翻越？能推倒嗎？不管是不是大叔，若能有機會去思考，進而行動的話，就是最令我開心的事了。

3 編按：Z世代，明確定義為自一九九七年至二〇一二年這期間出生的人口統計群體。

第二章　騷擾的現場

第三章　我討厭「首位女性〇〇」的說法　107

第四章 女性議員的高牆

第一章

擋路的大叔

面試時的「倒茶」問題

我當上報社記者是在一九八七年，泡沫經濟剛開始，距離批准「撤除女子歧視條約」與制定「男女雇用機會均等法」才過了兩年。當時還是性騷擾、職權騷擾等用語尚未被普遍使用的時代。

這一章，我主要想說的，是我從年輕到成為中生代政治記者的故事，故事開始前，我想先快速回顧我在求職活動和地方分局那段期間的經驗。

「如果在職場上被問到『可以幫忙倒茶嗎』，妳會怎麼做？」

若在今日求職場合聽到類似發問，該面試官和公司馬上就會完蛋了吧。這種事很快就會在社群網路上傳開，公司可能會被烙上強迫女社員倒茶的歧視污名。

然而真的是在不久以前，這種問題還被視為理所當然，在大約三十五年前，我去某間電視台面試的過程中，就被問了同樣的問題。

「男女雇用均等法」是為了禁止在招募、錄用、升等時的性別歧視所制定，在法條上路的第二年，我進入了每日新聞社，因此也能說我是所謂的「均等法第一世代」。

年輕時，我經常被要求分享身為均等法第一世代就業時的辛苦之處。事實上我幾乎沒怎麼認真求職過。一開始遇到的情況也是我少數的求職經驗之一。

原本我希望能進入出版社，去面試了幾間後卻完全落馬。說順便雖然失禮，但也算是為了練習，我就去了幾間報社和電視台試試，當然也沒有被錄取。不過，在求職的過程中，我改變了想法，認為自己也許更適合報社。

在接下來的一年，身為求職浪人，我的目標是報社，也去上了針對想進入媒體業界工作的求職補習班。真正開始讀書時，正好發現每日新聞會在七月舉辦中途採用的入社考試，本來只是為了測試自己的實力而去報考，結果居然考上了。

如果當時的我能說出「我本來就想當新聞記者」，聽起來一定超帥氣，但事實卻非如此。自己雖然想做採訪調查的寫作工作，但老實說，新聞記者要肩負監視權力機構的角色，需要待在距離權力中心極近的地方，還必須具備能夠分辨場面話和真心話的能力，並對自己的角色有所警覺。這樣的自我要求，直到現在還存在我的心中。

那麼，關於在電視台面試時問到的「倒茶」問題，以下是我的回答。

「我會幫忙倒茶。雖然會倒茶，不過我希望男性社員也能逐漸明白，只讓女性倒茶這件事很奇怪。」

我對那個場面印象非常深刻，因為當時三位男性面試官的臉色同時變了。

我幾乎能聽見他們在心中吶喊著：「讓這種宣揚女權的傢伙進了公司還得了！」在那之前，面試進行得很順利，也感覺到對方對我印象應該很不錯。但因為這回的攻守，面試已經結束了。

當時的我，並未針對求職面試而認真學習，事實上我認為，為了求職而學習，這件事本身就很奇怪，於是便刻意避開，「若是在面試時說出我的個人想法卻沒有拿到工作，那就是我不適合那間公司，不去也罷。」為何我能以毫無根據的自信，魯莽地、像賭博一樣地去謀職呢？現在想想，自己都覺得很神奇。

順道一提，在每日新聞社的面試過程中，剛好聊到相關話題，我說「我很喜歡浪花節」，想展現自己很懂傳統義理、有人情味的一面，結果，一位面試官接著問：「那你知道浪曲師某某某嗎？」坦承自己不知道時，面試官們愉快地笑了。不用說，在這場面試中，當然沒有被問到倒茶之類的問題。當時我心想，「在這間公司，好像可以自由愉快地工作。」

男女雇用均等法實施以後，報社開始增加女記者的錄用名額。在這裡稍微看一下數字資料吧。一九八七年四月進入每日新聞社的一般記者有四十五位，其中有八位是女性。我是七月入社，一般記者有八位，女性有兩位。在那之前，大約是一年錄取三名女記者，均等法實施後一口氣增加了不少。

雖然名額增加了，但若全憑成績來錄取的話，會變成全部都是女記者的局面，所以女記者的錄用人數設了一定的限制，這是業界長期以來的祕密。

然而，那種時代也漸漸走向終結。以每日新聞的情況來看，二〇一七年四月，記者一職女性的錄用人數第一次超過男性。而且剛好在同一時期，包括我在內，編輯部門一下子上任了五位女性部長。

大清早和深夜都得跑新聞

《朝日》、《每日》、《讀賣》等大報報社的新進記者，原則上，上了幾個禮拜的研修課後，就會被分配到地方支局，學習採訪的基礎課程。我第一個派駐地，是長野支局。

一九八七年赴任時，感覺距離長野新幹線開業（一九九七年）和長野冬季奧運（一九九八年）都還十分遙遠。長野縣是日本全國第四大的縣，卻只有不到十位的長野支局員和松本支局員三位，還有其他大概四個地方的通信部支應。

在每日新聞長野支局，我是第一位女記者。當時以其他公司來說，如果不論當地報社信濃，每日新聞、朝日和讀賣也才剛雇用了第二代的女記者。故事就從在地方支局女記者還很稀奇的時代開始說起吧。

在長野支局的三年間，縣裡幾乎沒發生重大事件或意外。再往前回溯，一九八五年八月，日航的巨無霸飛機在群馬、長野縣境的御巢鷹山脊墜機，乘客機組員五百三十人死亡，長野支局也出動記者報導。出事前一個月，也就是同年七月，長野市的地附山因土石流災害，導致老人安養院二十六位長者死亡。在發生那類重大意外和災害之後，又過了兩年。

即使是那麼和平的狀況，每天還是會發生一些小型事件、意外或是火災。第一年，我的工作就是不斷追逐那些小事件，主要的採訪對象是警察、檢察單位、消防局和那些偶發事件及相關人士。縣警多半由前輩記者負責，新人要去跑遍各個警察局，或是到消防署找材料。

可能有人會覺得意外，不過，完全沒發生過「因為我是女記者，所以被特別照顧」的事情，或能分配到不同工作，得到跟男記者不同的差別待遇。可能也是因為沒發生過要出差採訪好幾天的大事件或大意外吧。

報社記者總是得在一大清早或是深夜時分跑採訪。白天，採訪對象通常都很忙，沒時間受訪，也有受訪者是需要避人耳目的，無法在職場提供記者重要情報，因此，記者要在採訪對象上班前或回家後，到對方家中採訪。尤其是警察、檢察官，以及地方行政機構、首相官邸、中央省廳等等的當局幹部，用這種方式來採訪，較有成效。

我剛開始跑採訪時，每天早上七點都去長野中央警察署，問值班警官前一晚發生的事件。對象是值班警官，地點在警署，訪的多半也不是什麼重大要聞，總之，記者生涯的第一年，我幾乎每天早上都是這麼工作著。

值班警官早上八點過後交班，若未能在換班前找到對方，就訪不到生動有趣的資訊。就算從交班警察口中聽到什麼，也已淪為二手資訊，情報細節會流失，缺乏新鮮感。晨間跑新聞的記者，會把聽到的故事作為線索，進而採訪調查，再寫成新聞報導。

讓支局新進記者痛苦的工作

一旦發生了事件、意外或是火災，身為新進記者，就要第一個衝到現場。還沒掌握確切地址時就得先開車過去，為了趕在現場拉上警戒線前抵達。因為那個時代還沒有導航，只能一邊用車上配備的無線電和支局聯繫，問清楚確切地址後，右手握著方向盤，左手拿著地圖和無線電，飛車到現場。一到現場，得馬上拍照，詢問附近鄰居問題。當時還沒有手機，連絡方式只有BB.Call。我經常處於睡不飽的狀態，好幾次都邊打瞌睡邊開車，現在回想起來，竟然沒出事，也真厲害。

結束採訪回到報社後，就得到支局的暗房裡，讓剛拍完的照片顯影，接著寫稿。新進記者必須一個人完成各種工作，十分忙碌。

一發生重大事件，在負責縣警的前輩記者的指示下，必須在晚上跑去警官宿舍或警官家。曾經發生過一次大風波，深夜在警官宿舍等警官回家，但因為沒打過招呼，於是被舉報，第二天被叫到縣警本部給予警告。

從清早到深夜，每隔三小時，要打「警戒電話」到縣內的各警署，也就是所謂的「警電」，詢問是否發生了事件或意外，有什麼奇怪的事發生嗎？這也是新人的重要工作。

除此之外，有時我上午要去長野中央警署，下午還要繞去其他比較遠的警署。各警署的公關或報導的對應窗口是副署長，但當時不只是副署長，還包括刑事課，記者算是能比較自由出入警署各部門。

甚至，我頻繁出入縣警的科學搜查研究所，和職員熟了起來，他們還讓我試用測謊機，教了我很多科學辦案的知識。那是在人氣日劇《科搜研之女》開播十年前的事。採訪警察得靠體力，多數時都非常辛苦，但對於那些給了我知性刺激的「科搜研之男」，我心中只有滿滿的感謝。

電話中暴露的偏見

外出採訪時，我幾乎沒碰過「因為是女記者，所以不給予回應」或什麼其他令人討厭的事，然而，用電話採訪時，就很常出現。

在支局接到電話，一報出「這裡是每日新聞」時，對方聽到我的聲音，會問「沒有別人嗎？」「能轉給別人接聽嗎？」不是請「支局長」或「編輯台」接聽，而是「別人」。我總是在心裡叨唸著：「別人是誰啊？」

這明擺暗示我無法獨當一面處理事情，令我非常不愉快，但也不能發火掛電話。一說出「我是記者」，感覺電話那一端便十分困惑，很不情願地開始講話。這類的例子實在太多。

如果是由我打電話採訪，不知道是不是不習慣女記者採訪，對方經常聽起來口氣很傲慢，也常因為無聊的誤會而吵起來。實際上也許是因為自己也很自大，但我認為會發生這些事，跟我身為女性這件事有關。

在公司接電話時，被問「沒有別人嗎」的經驗，在我們這個世代，不只是報社記者，應該有許多女性都經歷過類似的事情。反之，男性應該幾乎沒碰過吧？從小見大，幾十年都反覆忍耐類似事情的女性，和完全不需要受那種苦的男性，面對往後的人生，各自擁有的自信和對社會的認知，會產生極大的差異吧？

明明在當面採訪時幾乎不會感受到對女性的歧視，電話採訪時卻頻繁地感受到，這是為什麼呢？因為在面對面採訪時，對方看到的是人，無關性別，但透過電話，大概會先被性別偏見所影響。

在支局擔任記者的第二年，我轉往負責市政的採訪工作，被安排去採訪青棒和成棒。第三年，負責縣政採訪。這些大致都是一般的負責模式。身為市政和縣政的採訪記者，我也採訪過高爾夫球場的農業污染問題和長野的冬奧申辦。

到了二〇〇〇年初期，在我擔任華府特派員時，經常被學弟妹問「怎麼樣才能當上特派員呢？」「海外採訪要怎樣才能做得好呢？」。

我一定會回答：「採訪的基本，不論是在地方支局或海外特派員，都是一樣的。到現場跟人一對一見面，深入往下挖掘。接著必須確認資料是否正確？有沒有不同角度的看法？對方是什麼意思？從各種角度聚焦，追加採訪或從周邊採訪，充分閱讀並吸收各式各樣的資料，最後寫出稿子，讓這個社會檢視。」

上述的工作，我會花很多天來進行，也會寫連載企劃等大型稿件，也常採訪事件或意外，必須在幾個小時內完成一連串的工作，並寫成報導。

最近，媒體時常受到「扭曲事實」、「根本沒認真採訪就寫」的猛烈批評，我承認媒體端存在著各種問題，但多數記者都是老老實實地工作，日復一日地寫著報導。

男女工作的樣子

如果你問我：「女性到底適不適合在這種地方機構當報社記者？」我認為，不論男女，多數人都不太適合這麼辛苦的工作，就算是男性，也很吃力。女性和男性體力上有差別，是更嚴酷的挑戰。比起來我算是體力好的人，還挺得住，但即使是我，在盂蘭盆節休假和年假時一回到老家，常常會突然嘔吐，昏睡好幾天。

然而現在，就算是鄉下支局，也不會讓記者趕去小事件或意外現場，有了數位相機，就不需要照片的顯影工作，也有行車導航和手機，大幅減輕負擔。希望想當記者的人可以安心。

除了體力問題外，我個人絕對不認為女性不適合新聞記者的工作。

有一位辭掉每日新聞工作的男記者，他是我在長野支局的同梯。那位記者很會做政府單位的採訪，卻沒那麼擅長採訪警察。我們經常被前輩拿來比較，他說「A（同梯的男記者）都不問重要的事，你（我）只會問重點，兩個都不行」。他的批評一針見血。那位男記者太有餘裕了，我則是缺乏餘裕。

在採訪時問不出重要的問題當然不合格，然而不會閒聊或講廢話也是大問題。這不只是記者工作，在其他工作上也一樣。

細看男女的工作方式，會覺得女性可能很適合當報社記者——感受力豐富、能設身處地思考的人很多。男性則是有體力上的優勢，不過就像同梯男記者和我在表現上的差異，或許他因為工作上從容有餘裕，所以可以體驗很多無用的事吧。乍看像是無用的經驗，但對記者來說，這樣的累積很重要。

如果女性能充滿自信，更有餘裕的工作，一定會強大無比。因此，我們必須創造讓女性在實際狀態和精神上都更有餘裕的工作環境。

調到充滿不安的政治部

當時在地方支局工作的時間，男記者的話，四年算普通，女記者比較短，會待一到三年。女記者不能做在辦公室過夜的工作，只有男記者要輪班，因此只要局裡有女性，男性輪班做過夜工作就會很吃緊。當時有同梯的男記者，一個月在支局過夜工作了八天。

從我進公司的第三年開始，導入了女記者也要在支局過夜工作的新制度，男女在工作上的差別規定解除了。不只是男性，女性也朝更長時間工作的方向邁進，實現男女雇用機會均等法上的「男女平等」。

關於讓女記者也加入夜勤工作，公司內部經歷了激烈的討論，由工會向我們傳達了現場的情況。現在我還是很懷疑，不論是男是女，大家都工作到半夜，長時間工作，這樣正確嗎？在導入男女雇用機會均等法時的討論也一樣。不過，我當時的想法是，如果不先讓大家看到女性和男性一樣能努力工作，社會就不能往前邁進。

結束在支局工作的日子後，我總算能調回總公司的部門了。我的第一志願是社會部，卻無法如願。支局的編輯台告訴我，「社會部已經有五位女記者了。不需要更多女性」。不知道真的是那樣想，還是只是他們拒絕的藉口。

在我沮喪之際，拯救的手從無預期的地方伸了過來，是意料之外的政治部。「政治部說想錄用女記者」，我沒有拒絕的理由。

這樣看來，自己在記者人生的重要階段時，「女記者」這個標籤，好像從一開始就跟著我了。這對我來說絕對不是件開心的事，但也只能告訴自己那個時代就是這樣。

「每天都得跟政治人物來往，似乎會有很多疑慮，我真的做得來嗎？」就這樣，我在充滿不安的政治部的記者生涯開始了。

那一年，女性政治記者快速增加

進入政治部第一年的新人記者，最初都是從「緊盯著首相工作行程」開始，也就是首相官邸中所謂的「總理番」、「首相番」。

確認首相當日行程，包括活動、會議、和誰見面等資訊，必須將確認結果寫在報紙上的〈首相日日〉或〈首相動靜〉專欄，這一欄據說是各國情報機關的愛讀欄位。很少國家的首相行程會如此公開，知道國家掌權者的動態，算是非常重要的情報吧。

我被分發到政治部，是在一九九〇年四月，海部內閣成立大約八個月時。我既負責海部俊樹首相的總理番，也負責首相祕書官、內閣官房副長官、內閣法制局和法務省。

那一年，在首相官邸突然增加了很多位女記者。除了跟我一樣結束報社地方支局的工作，被分發到總公司政治部的記者們以外，也有電視台的女記者們。

首相官邸的記者俱樂部「內閣記者會」中，有報社、通訊社、電視台等大約二十間公司常駐，大報的話，會各自配置十人左右，地方報社或民營電視台也有好幾位。總共大約一百名記者裡，女記者有十一名，大概佔一成。

在那之前，朝日、每日、讀賣的政治部門中，都各有一到兩名女記者，因為很多人都已經換工作，或是異動到其他部門，所以感覺那一年永田町和霞之關的女記者有明顯增加，不論是誰都看得出來。

生活家庭那類的部門，直到今日還是有很多女記者。當然，想進該部門的記者，男女都有。不過，女記者較多，是因為在社會或媒體界，依然受到「男主外女主內」性別分工意識根深蒂固的影響。「因為支持家庭生活的是女性，所以生活類的新聞，還是由女性去採訪比較適合」，就是這種單方面的認定所導致的。

另一方面，也因生活家庭部等部門，不會被每天的新聞或是「刀槍劍影」的工作追著跑，較少需要長時間工作的擔憂。但是，就如近幾年新冠肺炎報導所象徵的，生活和政治息息相關，即使像是生活家庭部，也得擔負起每天新聞報導的最前線工作，上述的前提便因此瓦解了。即使是這樣，在各報社，部分比例的不平衡，直到現在依然存在。

一九八六年開始實施男女雇用機會均等法，加上勞動基準法的女子保護規定有所緩和，也是女記者可以工作到深夜，解禁後經過四年的時期，負責首相官邸的女記者一舉增加到十一名。

女記者的急速增加是因為上述這些緣故，同時就表示女性也被迫加入長時間勞動的隊伍，育嬰假等改善女性工作大環境更加必要，可惜，在那個時間點還未能實現，所以，被發配到政治部的，幾乎都是年輕的單身女性。有小孩的女記者被分配到政治部，是很久之後的事了，直到今天，那堵牆還很厚。

日本獨有的記者俱樂部制度

擔任首相官邸的責任記者，是由主任率領十個人左右的採訪團隊。以「總理番」採訪首相的言行舉止為線索，進行周邊取材，要找出首相提出了什麼樣的政策，或下了什麼樣的決定，或者接下來他想做什麼。總理番得完成作為天線的重要任務。

採訪最高權力者的首相，卻由被稱為「總理番」的政治部一年級的新人負責，這種制度，應該是日本媒體獨有的做法。總理番，被認為是最適合新人記者學習的工作，可以學習政治如何影響現實和人際關係。但因為還是新人，無法進行深度採訪，所以總理番面對的情況是各社共同採訪，更深度的採訪調查就讓前輩記者進行，這就是角色分工。

大報社的政治部門，比如記者最多的讀賣新聞，也大約是六十人，和社會部或經濟部不同，只設置在東京總公司。部長和五到八人的編輯台在總公司工作，其他部員各自負責首相官邸、自民黨、在野黨、外務省和防衛省等省廳處，以記者俱樂部為據點進行採訪。基本上，上班是去記者俱樂部，下班也是從記者俱樂部下班，反而很少進公司。

在這種生活下，比起公司同事和學長姐記者，其他公司和自己負責同一個採訪對象的同業更可以依靠。在工作忙碌時，和家人相比，雖然和其他公司的同業是競爭對手，和他們共處的時間反而最長，在互相商量各種煩惱的過程中，經常會成為人生摯友。

媒體的記者俱樂部制度，就是在這種親近感中運作，也因此經常受到批判，說是容易流於政府當局的公關機構。我也是在這種制度下成長的記者之一。

竹下內閣因為瑞可利事件[1]，比眾人想像的還早下台，在短命的竹下內閣之後，經過宇野內閣，誕生的是海部內閣，竹下派的傀儡色彩極濃，自民黨的幹事長名為小澤一郎。

身為首相官邸的負責記者，如果是一般採訪，幾乎不會明顯的感受到有歧視女記者，畢竟對象是政府高官啊，況且當時女記者有十一名。然而在重要的場合上，卻發生了難以想像的性別歧視。

來自總理祕書的抗議

那是一九九一年一月，海部俊樹首相考慮拜訪東協（ASEAN）五國時的事。隨同總理採訪，是政治部記者的夢幻工作，是由各報選出一名精銳記者，和首相坐同一班飛機，貼身隨行的採訪，那次採訪，最早決定是由五位女記者隨行。

負責政務的首席總理祕書官金石清禪，本來是日本航空的燃料部長，受大學學長海部所託，擔任祕書官。金石背地裡對要讓女記者隨行的媒體政治部長抗議，他說：「首相到外國訪問，這麼重要的行程，讓女記者同行是怎麼回事？是瞧不起海部嗎？」

每日新聞也收到了這個抗議。當時的每日新聞政治部，除了我以外，還有一位女性前輩記者，那次正是預定派她隨行，政治部長上西朗夫聽聞此抗議時，憤

1　編按：一九八八年瑞可利公司創辦人江副浩正爆發賄賂醜聞，他贈與超過70位政商名流一間旗下未上市公司的股票，此事在日本被稱為「瑞可利事件」。

慨地罵著：「金石那傢伙，竟然跑來說這種話，到底在講什麼蠢話啊！」決定不予理會。

後來，因為波灣戰爭，首相的訪問行程暫緩，直到四 五月黃金週連假時才重啟，各個媒體也依原計劃讓記者同行。每日新聞由後來在週刊《Sunday 每日》成為第一位女性總編的山田道子隨總理出國訪問。

如果當時，政治部長的應對是「政權怎麼說，他就聽命行事」的話，我和山田都會湧起強烈的不信任感，不僅是對政權，也是對政治部組織的不信任。

順道一提，這位政治部長在一九九〇年春天找進政治部的人，除了我們兩名女性以外，還有幾名男記者。在那之前，隸屬於每日新聞政治部的女記者，僅有一位，但她在很短的時間內就調到外信部了。部長想要認真錄用和栽培女記者，所以一口氣調了兩名女性到政治部。後來一問之下才發現，那一年每日新聞異動到政治部的記者，沒有一個人是志願進政治部的。

部長的說法是「年輕的時候就進政治部，想採訪政治人物的傢伙，不是什麼好東西」，聽說是這樣的理由。當時自民黨的派閥政治，可以說要風得風，要雨得雨，政治人物和記者之間，是現在無法相提並論的接近，那樣的勾結關係飽受批評，所以部長會那麼想吧。部長自己緊咬著福田赳夫前首相，也熟知外交和安保課題，像是某種堂堂正正地走在政治記者王道上的人物。

每天「搶位子」的競爭

清早和半夜都得跑新聞的政治部，處境相當艱辛。當然，若發生大新聞，所有的部門都可能得在清早和半夜跑新聞，不過，對別的部門來說，那並非常態。清早和半夜跑新聞，是政治部的日常，為了要贏過其他公司，週末都還得私下和政治人物見面，這樣的生活狀態十分緊繃，非常消耗體力，總是把人逼到臨界點。

第二次海部內閣，在坂本三十次官房長官之下，有兩位官房副長官。石原信雄是事務官房副長官，他是原本的自治事務次官，在竹下到村山的七個內閣時代，都擔任副長官。

大島理森是政務官房副長官，後來他擔任眾院議長長達六年半的時間，直到二〇二一年秋天，才因「眾院解散」和「總選舉」卸任，是日本憲政史上在位最久的眾院議長。

我負責採訪的，是大島理森副長官。

當時，大島理森的議員宿舍在東京高輪區，記者清早跑新聞，若無法在六點之前抵達宿舍玄關等待，就「搶不到位子」，所以，住在板橋區的我，每天清晨五點一到，就得搭計程車趕去議員宿舍。

所謂「搶位子」，就是記者們一同坐上政治人物的車，在車裡採訪。後座除了政治人物本人之外，還能坐兩名記者，副駕再坐一位，能搶上車的記者最多就三個。大島嘴巴很緊，不會說重要的事，重視採訪效率的民間電視台不會到場參戰，所以每天早上都來搶位子的，是報社、通信社、NHK 等八間公司的記者。

搶到位子的記者，之後還是會將他們聽到的消息，分享給錯過的記者，這樣的風氣，被認為是政治記者私下串通，也受到批判。但若不這麼做的話，競爭會更加激烈，所有人都得早起，也就會演變為長時間過勞工作的競爭方式，真的要說，這也是不得已而出現的做法，當然不是什麼值得讚許的做法。

在我那個年代，大家會假裝分享筆記，但不告訴別人真正的重點，或是連筆記都不分享。所以在那一年，我深夜結束採訪回家後，大概只能睡三小時，緊接著一早又開始奔走。在這場戰爭裡，女記者只有我一個人。其他還有 NHK 的政治部記者，現在成為報導記者的大越健介。

一九九〇年八月二日，伊拉克進攻科威特，引發波灣危機，隔年一月，演變為波灣戰爭。當時，國際社會極為關注的，是要如何對美軍主導的多國部隊提供支援，日本政府金援了多國部隊約一百三十億美金（當時約一兆七百億日幣），但並未從美國那邊得到日本預期的感謝。這件事被稱為「波斯灣戰爭的創傷」，也成為後來自衛隊在海外擴大活動的契機。

另一位官房副長官石原，他每天都積極發聲，關於如何支援多國部隊，提到日本能做些什麼和不能做什麼。從他自己家最近的車站東急田園都市線的薊野（あざみ野）站到永田町，輪班記者每天都在他上班時隨行採訪。在人滿為患的電車的車廂內不方便說話，所以記者們都是在車站月台和上下樓梯時丟出問題。石原說出口的內容，常常就是當天晚報華麗刊出的「政府高官發言」。石原被稱為「影子總理」，很多記者負責採訪他，其中也包括很多女記者。

有一次，我聽到似乎是看到那幅不可思議採訪光景的人在聊，「那是什麼組織啊？」「是有名的操盤師大叔，記者們現在在追問股票資訊。」

能捨棄女性特質全力投入工作嗎？

一九八九年，能量飲料「Regain」的廣告詞「能二十四小時戰鬥嗎」大為流行，這種工作觀念，要是在現在，一定會被批判，但那時所有人都覺得是理所當然。女性若不積極參戰，連自己想做的工作也做不了，像我就不知道什麼時候可能會被政治部趕出去。不過，若是捨棄女性特質，也等於給了自己一個困難的課題，也幾乎失去個人生活。

以服裝來說，一開始去長野支局上班時會穿的洋裝和裙子，我後來就不穿了，進了政治部後，我一直都穿褲裝。政治部的職場環境，是清早深夜都得廝殺，白天我常在記者俱樂部補眠，這就是我的日常。

有一次，民間電視台穿著裙子的政治部女記者，在首相官邸俱樂部的沙發上睡著了，男記者們興味盎然地看著她笑。看到那樣的情景，我再度體認到「啊啊，果然不能穿裙子」。面試穿的套裝還算容易找到，然而即使是現在，褲裝在女裝賣場還是比較少，當時更不能跟今天相提並論，我光是買衣服就花了一番工夫。男性應該沒有這種困擾吧。光就服裝這件事來說，男性就是會穿西裝在外面工作，這就是日本社會的原廠設定。

然而，相較於我，有一位他社政治部女記者就非常時尚，總是不忘做指甲，每天上班都會換不同的包包。她早上要花兩個小時以上準備，為了趕上一早的奔走工作，每天凌晨三點半左右就要起床。我的情況是，如果實在太睏，我就不洗澡了，在政治部第一年，最長有五天左右沒洗澡。周圍的人肯定覺得很困擾吧。

當時，岸井成格在每日新聞政治部編輯台，後來擔任TBS電視台的報導節目《News 23》的播報員，因為他年輕時也不太洗澡，所以政治部內部給我取了「女岸井」的綽號。絕對不是因為我跟岸井一樣優秀，只是單純在說我是不洗澡就上工的記者。

我的綽號，和景仰的前輩的名字有關，乍看之下似乎還蠻光榮的，但其中卻隱含著「終於出現了能跟男人一樣拚命工作的女性政治記者了」的意思吧。被這樣的觀念認可，實在不值得喜悅，我心裡也不舒服。然而，把自己的工作方式，調整成和男性社會的步調一致，是我當時唯一的選擇。

被純粹培養的大叔

報社、政壇或官場，大叔都非常多。數量上，男性佔絕對多數，對於性別角色分工的刻板印象，諸如妻子要守護家庭啦、男主外女主內啦，這些觀念，更是深植於大叔們的心中，如今，很多人還是有這樣的想法。我想其中一個重要的原因，就是經濟能力，大叔們擁有能支持這種思考方式的經濟能力。尤其是在一九九〇年代，當我還是名年輕的政治記者時，政治人物的妻子當然不必說，前輩記者和官僚們的妻子，多數是家庭主婦，男性把家庭都交給妻子，自己則完全投入工作。

相較於報社其他部門，政治部確實更為特殊，因為主要取材現場是在永田町和霞之關。這裡是政治人物、政要祕書與官僚們的工作場域，空間狹小，但需要處理的資訊卻極為龐大，畢竟是決定國家重要政策的地方。就人數而言，參、眾兩院的議員，大約七百一十人，議員祕書、國會事務局職員、政黨職員等永田町關係人士，就有七千人左右。政治部記者從早到晚幾乎都在採訪他們，當然，在企劃採訪和調查報導時，政治部記者也會跑去不一樣的採訪現場，不過日常採訪還是在永田町和霞之關。因為訪談對象是在經濟上比較寬裕的人，這些人也就很難對「男性優勢就是社會原廠設定」的大叔社會產生疑問，那是培養著純粹大叔的土壤。政治部之所以成為典型的大叔社會，也是這個緣故。

大叔這種生物，就算被周遭的女性抱怨了，他們也只會草率敷衍，不會真正傾聽。我想，好不容易進到了大叔社會的政治部，我也許該努力一下，試著讓他們能學會傾聽女性的聲音。

想要跨越大叔這堵高牆，進而適應男性優勢的社會，於是只好追求和大叔相同的工作方式……與其說並非所有的女性都該這麼做，不如說這想法其實很荒謬，無論當時或現在都一樣荒謬。因為每個人都不一樣，應該找出適合自己的工作方式，不該用不適合的方式來逼迫自己。

但當時的我認為，女性之中，至少要有一個人站出來，表現出與男性相同的工作強度，如果不這麼做的話，那堵高牆永遠無法跨越。現在回想起來，只覺得我當初為何要如此逞強，覺得年輕時的自己真可憐，然而那個時候的大叔高牆，就是厚實到讓我只能那樣做。

把女性氣質當作武器的記者

有一定人數的女記者進入了政治部，確實令人振奮，但另一方面，也發生了使人啞口無言的狀況。

二月十四日情人節，有人提到女性總理番記者要送海部首相巧克力。到前幾年為止，報紙的政治欄位，還會刊登女性總理番記者送巧克力給首相的新聞，我們這輩就是這波流行的開端。

一開始，我並不知道大家在討論這件事，直到一位認識的女記者親切地跟我說，「我幫妳把名字列到送巧克力的名單裡了」，我當場發飆，「為什麼完全沒跟我討論過就那樣做？請把我的名字刪掉」，後來我自我反省，實在也不應該對那位女記者如此咆哮。

但是，為什麼女記者有必要一起送巧克力給政治人物，而且還是現任首相呢？這種自己給自己貼標籤的行為，我完全不能接受。就算到了現在，只要一讀到相關報導，我就覺得不舒服。

直到現在，也還是有很多女記者會在情人節送政治人物巧克力，然而在那件事之後，我就沒遇過一群人合送巧克力的事，最近的女記者似乎沒什麼顧忌，甚至三月十四白色情人節一到，更有許多男記者會收到大量回禮，桌上擺滿巧克力。

很多女記者大概不是「想利用女性身份拿到情報」，只是想藉由採訪和訪談對象建立良好的關係，就像男記者利用打高爾夫或洗三溫暖的機會，和採訪對象培養感情一樣。即使是這樣，記者為了維繫和採訪對象的關係、借此拓展人脈，有必要做到那種地步嗎？不是應該保持適當的距離嗎？直到現在我依然對這件事感到存疑。

為了在大叔社會之中生存，女性上班族該怎麼做才好呢？我認為女記者有幾種類型，一種是像我一樣一股勁跟男性社會同步，把自己變成大叔來工作的人。另一方面，也有利用女性身份，緊緊咬住政治人物拿到獨家的人。被採訪的對象當然也很清楚，所以也會邀請那些利用女性特質的記者們參加宴席場合。男記者難以企及的大頭政治人物，只因為是女記者，輕輕鬆鬆就被叫去吃飯，被記住名字，也能拿到獨家。

也有女記者被男性前輩記者邀請一同出席政治人物的餐會。被安排坐在四到五人的宴會角落，只負責當個漂漂亮亮的「花瓶」就好。那種場合，也會聽到很多人開黃腔。曾經聽某位女記者說過，在餐會上，某位政治人物用溼紙巾做出女性性器官的形狀，秀給女記者看，為的就是享受對方慌亂或害羞的反應。然而，那位女記者卻巧妙地閃躲尷尬，若無其是的笑著問「您在做什麼呢？」，周圍的男性見狀都開心地哈哈大笑。如果是現在，政治人物或男記者都當然會被指控性騷擾。

被梶山靜六盯上

從一九九〇年夏天開始，我一邊擔任總理番和官房副長官番，有幾個月也負責法務省的官房。負責法務省的應該是社會部，但很多大報社都由政治部負責閣僚和周邊人士。一開始只是出席記者會，偶爾採訪，九月後大臣因病辭職，由某政治人物就任，我突然就變得忙碌了起來。他就是自民黨最大派閥・竹下派的七武士之一──梶山靜六。

在梶山剛上任不久的記者會上，我尖銳地追問了他一些問題，於是徹底被他盯上了。

就任司法大臣一週後，梶山跟著警視廳到東京新宿的旅館街，大規模清查在日本非法賣春的外籍女性，在隔天的記者會上發表了種族歧視的言論。

「我知道昭和二〇年代有很多日本人在那裡賣春，現在換成外國人了。這件事我是有聽過啦！還想說難道這就是日本的現況嗎？住在那邊的居民，因為非法就業的外國女性在賣春，風評也連帶受到很大的影響。而且，那個地方女孩子都不敢走在路上。要說是劣幣驅逐良幣嗎？就像美國黑人把白人趕出去一樣，新宿變成了混居地。嫁到那邊的人也好可憐，房價也下滑了，雖然房價下滑也不是沒好處啦，但是……」

這段發言明顯很有問題，尤其是「要說是劣幣驅逐良幣嗎？就像美國黑人把白人趕出去」這句話，很明顯的歧視黑人。

梶山本人缺乏種族歧視的意識，而其他政治人物對這段發言的理解，就只是剛成為法務大臣就暴衝失言罷了。政府和自民黨的高層們，對美國群體說出種族歧視的發言，令人嘆息，卻不特別稀奇。

一九八六年，中曾根康弘首相曾說過「美國有黑人和波多黎各人、墨西哥人，比日本的知識水準還低」，一九八八年，自民黨的渡邊美智雄政調會長說到「美國黑人很多，他們就算被說明天會破產也根本不在乎」。

政府、自民黨內和政治記者對梶山失言的態度，一開始只是覺得「唉呀，怎麼又失言了」。畢竟梶山是政治界的有力人士。記者會上，隨著美國國內的批判越趨強勢，連負責法務省以外的自民黨竹下派擔當記者們也開始現身採訪。

當時還是新手記者的我，沒有逢迎上意，問了梶山好幾個問題。女記者只有我一個，其他的男記者們，為了不被梶山和他周邊的人盯上，迴避了某些敏感的問題，聰明地應對。採訪前輩要我好好「做些什麼」，對我施加了壓力，後來社會部的記者用我在記者會上的筆記，寫了尖銳的報導，連不是我本人寫的文章的批評，都集中到我一個人身上。

話雖如此，我並沒有問什麼太特殊的問題。記得只問了像是「您是在何種意圖下發言的呢？」、「您認為您有什麼樣的責任？」、「如何回應美國社會的批判？」、「有考慮引咎辭職嗎？」等理所當然的問題而已。

我不是想嚴厲追究梶山種族歧視的態度，只是針對眼前的事，自然地問問題，可是這麼做卻讓我被徹底孤立，還被梶山盯上。這對新手政治記者來說很嚇人。不論是對新人或女記者來說都一樣很可怕，不管怎麼樣，在那之後，大家就一致認為我不會讀空氣。

政治記者生涯的瓶頸

重讀當時的新聞報導，發現報導內容寫到那段期間南非黑人解放運動的領導者、非洲民族會議副議長（當時七十二歲）曼德拉正好來日本參訪，並且在國會演講。據說因為曼德拉並非國家元首，很難有機會在國會發表演說，不過因為梶山的種族歧視發言在美國引起了軒然大波，便臨時決定要讓曼德拉在國會演講。

每日新聞一九九〇年十月三十號晚報的社會版報導如下：「閣僚中最早進入議場的梶山法務大臣看起來心神不定，演講一開始，他緊抿著嘴專注地聆聽。演講結束後，梶山被記者團團圍繞，他表示自己『非常感動』，又是微妙的發言。但是當他被記者連番轟炸：『曼德拉表示，關於種族歧視發言的問題，重點在於日本國民的良知，對於這個說法，您有什麼想法呢？』，他突然眼睛一抬，對記者聲色俱厲地說到：『你是哪位？報上名字來！』」

這不是我寫的報導，但字裡行間卻精準地傳達出當時的氛圍。梶山手握大權，也有著不容許他人批判的魄力。

大頭政治人物和政府高官，經常對報社或電視台施壓，撤換他們不喜歡的記者。那時的我心想，一不小心，我也可能被迫中斷政治記者的職業生涯也說不定。

很幸運地，事情並沒有演變成那樣的局面，不過在陷入困境時，卻沒有任何人對我伸出援手。當時那位要我寫深度報導的上司，後來也裝做什麼都不知情。出事時，輕輕鬆鬆地就閃過。這種大叔們，一定能夠在這個社會生存下去吧！這是我第一次切身體會到男性社會的內幕，還有竹下派的威力。

比起其他部門的記者，政治記者更擅長讀空氣，是因為必須能夠和政治人物建立人脈，偶爾還得深入挖掘情報，具備讀空氣的技能自然非常重要。人際關係需要長久經營，如果從對方還是年輕議員時就開始來往，要花十到二十年左右來建立關係。從年輕時就被記者採訪的政治人物，也有人一步步當到首相。因為關係良好，所以能問出在記者會等公開場合聽不到的事。像是為什麼在那個時候會做出那樣的判斷，接下來的政治決策等，許多具有高度報導價值的情報。

對政治記者來說，要如何拿捏和政治人物或政府高官之間的距離，是個很微妙的問題。

「政治記者和權力勾結，社會記者和權力戰鬥」，雖然普遍給人上述的刻板印象，但這樣的說法實在過於武斷。多數的政治記者，每天都一邊煩惱著和權力之間的距離，一邊進行採訪，因此很會讀空氣。然而若是不夠謹慎，讀空氣讀到過度揣測上意，不小心就會成為不敢批判，只會接收政權情報的記者了。

越是有經驗的政治記者，越有可能面臨那樣的危機。不只是男性政治記者，雖然經驗老道的女性政治記者相對來說比較少，但也很有可能發生在女記者身上。

我不後悔當出嚴厲追究梶山的種族歧視發言，不過我的確付出了非常大的代價。往後的好幾年，在採訪自民黨派系時，我因此吃了許多苦頭。

成為第一位負責經世會的女記者

在自民黨的派系政治還能充分發揮功能時，政治記者中的明星也就是負責派系的記者。

首相官邸的採訪多以政府高官為對象，相對來說稍微單純一點。但是，負責派系的記者，要採訪政治人物間赤裸裸的權力鬥爭，記者之間也明爭暗鬥，麻煩事變得特別多。

被分派到政治部的第三年，也就是一九九二年春天，是我第一次負責自民黨的派系，那是宮澤喜一首相、加藤紘一官房長官、自民黨幹事長綿貫民輔的時代。

負責哪個派系，意義重大，因為極有可能影響到往後的記者生涯。

當時，負責清和會（三塚派，現在的安倍派）的男記者被前輩說，「採訪經世會以外的人也沒什麼用，去玩玩就可以了」。由自民黨副總裁金丸信擔任派系會長的經世會（竹下派，現在的茂木派），不僅是當時最大的派系，也有著支配政治圈的能力。

不知該說幸或不幸，居然輪到我負責經世會。在那之前，曾經有一位女記者負責清和會和宏池會（宮澤派，現在的岸田派），但我是有史以來第一個負責經世會的女記者。

我本來以為在採訪梶山靜六法務大臣的種族歧視發言時，就已經領教過了經世會的本領，沒想到還會正式負責經世會的採訪。而且還是負責梶山靜六，當時他是自民黨國會對策委員長。一般而言是不會被派被梶山盯上的記者去負責，然而上層卻不知道為什麼沒有考量到這一點。

自民黨的國會對策委員長，擁有巨大的權力和影響力。

我每天早晚都得去東京九段的眾院議員宿舍進行採訪。從不經意的發言到正在思考的問題，還有如何影響國會和政局，都得仔細打聽。此外，我也得採訪派系中的國會議員。

一早我會先去東京九段的議員宿舍，採訪梶山和中村喜四郎眾議員，之後接著去金丸信自民黨副總裁（經世會會長）位於東京元麻布的自宅，採訪結束後馬上就中午了。另外，白天還得監視位於永田町的竹下事務所或金丸事務所的某棟大樓，晚上又要去東京高輪眾院議員宿舍採訪野中廣務，幾乎每天都採訪到半夜。

若是遇到幾個記者包圍著政治人物，非官方的談話場合，我會在空檔時找機會進行「一對一採訪」。

一句話所引發的茫然與恐懼

經世會通常都由政治記者中特別優秀的精英或老鳥負責，然而，我既是女性，又是年輕菜鳥，在某種意義上，確實是特別的存在。即使如此，要代表公司採訪，就不能怯場。某天早晨，在議員宿舍結束和政治人物的談話後，數名記者在閒聊時，別家公司的某位前輩記者突然說了一句，「因為佐藤小姐是女性，聲音很高亢，只要她一講話，就會破壞談話的氣氛欸」。

我聽到後很驚訝。同為記者，我完全沒想到他竟然會有那樣的想法。而且一點都不會不好意思，不以為意地笑著。

「我不能說話嗎？」內心雖然這麼想，但在那樣的場合，當下我只能陪笑。比起想反抗，更覺得恐怖。如果那位記者能力和人品都很糟，就算發生不愉快，頂多覺得厭惡，也不至於感到可怕。可是，他並不是壞心眼的類型，還是一位優秀的記者，這一點卻讓我感到恐懼。

那時候我恐懼的到底是什麼？當時的我刻意不去深思，現在重新思考並整理過後，得出了這樣的結論。或許我恐懼的，是在「男性優位主義」的日本社會中，互相競爭的記者們，幾乎毫無自覺地試圖排擠年輕女記者的行為。

在以男性為中心的社會，總是會將「女人不要強出頭愛說話，安靜聽就好」、「女性就算要講話，也要稍微控制一下，不要講太久」等無形壓力強加在女性身上，我後來在很多地方都曾感受過，但卻很少人像那位記者一樣，光明正大的說出口。

不知道是不是受到那句話的影響，在那之後，我越來越沒辦法在他人面前講話。說話時，總是非常介意自己的聲音是不是太過尖銳，介意到近乎神經質的地步。後來，時代變了，國家和企業都揮舞著「促進女性活躍」的大旗，狀況有了一百八十度的轉變，反而會要求女性積極地發言。我心想「這樣的要求也太任性」，一邊辛苦地在人前發言。

記者完全敗北的金丸記者會

在我開始採訪經世會四個多月後，一九九二年八月二十二日，朝日新聞報導了身為派系會長、擁有極大權力的自民黨副總裁金丸信，疑似收受了東京佐川宅急便五億日元的政治黑金。

報導一出來，金丸馬上在自民黨本部召開記者會，承認自己收了五億日圓，並決定請辭副總裁一職。我也出席了記者會，然而那場記者會受到了社會大眾嚴厲的批判，甚至被要求「公佈出席記者會全體記者的姓名」。後來回顧，那場記者會同時也是自民黨五五年體制崩壞，留名於戰後政治史的巨大轉捩點。

在那件事發生的幾個月前，金丸出訪華盛頓，我也隨行採訪，金丸看起來已經有失智症的傾向，常常說錯話，甚至出現他頻頻詢問舊識「您是哪位」的謠言，不過還是沒有任何人敢違逆他。

回到記者會本身，那場記者會結束的之迅速，讓人目瞪口呆，現在重讀當時的記錄，真是糟糕透頂。雖然有點長，因為頗有意思，在此引用如下。

〈金丸〉

（省略開場招呼）我沒有看週刊的習慣所以不確定，但聽說我頻繁出現在報紙上，關於佐川宅急便事件，我做錯了，就必須負責。雖然有人來安慰我，然而發生這種事，我的確應該辭職，因此我會辭掉副總裁，其他政治人物要我這樣做那樣做，我其實也很頭痛。擔任國對委員長、議會委員長，對我來說簡直易如反掌，不過，下了這樣的決心也是理所當然。

金丸以這種形式，承認他收了五億日元，會辭去副總裁一職以示負責。

接著他催促記者「有任何問題嗎？」報導中，記者問的問題只有兩個，第一是「不只是副總裁，也辭掉經世會會長，是什麼樣的判斷呢？」，另一個則是「關於這件事，您有直接和宮澤首相談過嗎？」

那是菁英政治記者們雲集的記者會。從金丸只提到報紙和週刊雜誌就可以知道，在那個時代，政治報導依舊以這兩種媒介為主，電視的存在感還很薄弱。

記者會可以說是新聞記者方的全面敗北。簡而言之，金丸事先提醒大家不要多問，他根本不在意國民的看法，只重視國會對策。對此，記者完全不問五億政治獻金的實情，只問了兩個無關痛癢的問題。我的觀察是，其實也就只能那樣問。如果再深入追究，不知道會被怎麼樣報復。

關於金丸五億圓政治黑金的攻防，詳細過程被收錄在政治記者田崎史郎的著作《竹下派死鬥的七十日》之中。利用首相官邸，發動檢查廳，把事件穩當處理掉的是經世會。如果忤逆了金丸或代理派閥會長小澤一郎，記者生涯就會徹底完蛋，很多記者都這麼想。

「真正的比賽要暗著來！」

首相官邸的記者會經常受到批評，原因是大眾認為記者都不問重要的事，我看著也常覺得不耐煩，但大概沒有像金丸事件的記者會那麼糟糕。

當時的我剛開始負責經世會的採訪，礙於資歷也不太能開口，但這都只是藉口，被批評也很正常。

前面我寫到金丸事件的記者會是記者方的完全敗北，如果從客觀、歷史的角度來看的確如此，但事實上，當時的記者們根本連自己徹底敗北的自覺都沒有。

不只是金丸的記者會，當時大報的政治記者們的想法是「記者會上不要問太多。也不要採訪，沒必要讓敵對公司的記者透過我們的問題輕易得知資訊。真正的比賽不是在記者會這種公開場合，是私下的會談採訪和一對一採訪。」

我也受過前輩記者類似的指導。

別說網路了，那時就連電視的存在感都還很薄弱，所以當時的政治報導沒有所謂傳遞資訊要「即時」的概念。而是把競爭的重點放在如何贏過其他公司，取得大新聞，放上第二天早報的頭版。不僅缺乏記者會是公眾場合的意識，也很重視所為大報社的尊嚴。包括我自己在內，與其說當時的記者們是揭露真相的報導者，不如說終究是為報社服務的「政治部記者」而已。

我因為先前提到的種族歧視問題，已經被梶山法務大臣徹底盯上，身為新手記者的我，也只好努力迎合派系的採訪文化，努力「獨當一面」。

關於金丸的五億圓政治獻金事件，竹下派因為處理方法而產生了對立，事態發展到派系分裂，最後演變為小澤一郎等人脫離自民黨。從一九九二年八月開始一整年都十分忙碌，我每天都得追著政治人物到處跑，幾乎像是住在公司安排的計程車裡一樣，這樣的生活也讓我的腰受了傷。

白天只能在計程車或是記者俱樂部的沙發上短暫休息，時常精神不濟。在議員宿舍或派系事務所和男記者一同等待政治人物現身時，就算聽到他們發的牢騷是「啊，已經幾天沒跟老婆做了」，我雖然覺得不舒服，但也只能笑著聽聽。

命中註定負責梶山

負責採訪經世會，就表示得負責採訪隸屬於派系之中幾位有力的政治人物，透過每天的採訪，確認政治人物們的動向。因為是最大的派系，我和前輩共同分擔並分配採訪的對象。

而我負責採訪的政治人物就是前面說到的梶山靜六。從梶山就任國對委員會長，到後來的幹事長，甚至是一九九六年橋本內閣的官房長官，每當梶山就任要職時，我就會剛好輪到必須負責他的採訪工作。

第一年擔任政治記者時，我因為追究梶山的種族歧視發言被盯上，到了國對委員長時期，自然被他防備著，有段時間我甚至完全被漠視，像是今明兩天的行程這種問題，其他擔當記者輕輕鬆鬆就能問到，我卻得花上一番工夫。

梶山住在東京九段的議員宿舍，有空時幾乎每天早上七點半左右，就會把清早跑新聞的記者叫進去，進行二十到三十分鐘的會談。「今天預計和誰見面？」「XXX會做到什麼時候？」這麼直接的問題絕對不能問。大家心知肚明，從小事到大事，要四處採訪打聽，有技巧地問出本人不能直接回答的問題，才是記者高明的手段，如果問得太直接，就會被梶山打從心底瞧不起。對於準備不足或感受不到用心的問題，他的回應總是極為冷淡。

政治人物中也有人會和記者們一起吃早餐，但梶山卻不那麼做。然而，有時他收到土產，就會當作小點心分給大家。有一次，我剛把點心吃下去，正想說怎麼這麼好吃，看了一眼包裝袋背後的標示，才發現早就超過了「有效期限」，其他記者們互相使眼色，小聲地說著「又是過期的」，一邊默默地吃掉，大概是覺得丟掉很浪費吧。

和梶山談話的過程就像打禪，意思是他時常話中有話，又或是從話語中透露出各種暗示。譬如面對問題時，他會回答「不知道」、「忘了」、「是那樣嗎」、「欸？」等等，從他怎麼回答，就能推測出他對某件事在意的程度，以及事情的進度。記者必須像是在腦中組拼圖一般，用片段資訊拼湊出政治動向。

結束早上的採訪後，接著我得前往國會、議員會館、自民黨本部、派閥事務所、飯店等地方採訪。我必須知道梶山跟誰見面，在幕後做了些什麼。好幾次坐上計程車後，請司機跟著梶山坐的車，但都在紅綠燈時被甩掉。負責的記者同仁們經常互相安慰，「沒關係，我們是少年偵探團啦！」。

晚上要在議員宿舍的走廊等他們回家，對方時間寬裕或心情好時，也會叫記者們進房間裡談話。在這種各社共同採訪的空檔，能不能找到機會和採訪對象進行「一對一」的訪談便極為重要。

一開始梶山完全不正眼看我，一段時間過後，漸漸地他也會給我採訪的時間。和記者觀察政治人物一樣，政治人物也會觀察記者。我雖然不會直接和梶山閒聊，但他大概是認可了我的工作態度，慢慢放鬆警戒了吧。

男記者的霸凌

對某些男記者而言，看到年輕且沒什麼經驗的女記者，竟然可以跟自己並駕齊驅，八成覺得很礙眼，進而想排擠對方，想當然，我也碰過職場霸凌。

有一次，週刊刊登了當時擔任幹事長的梶山，在週末打小白球的私人行程中和記者的談話內容。當時，我剛好負責幹事社的採訪，所以事先就知道梶山周末打高爾夫的行程，這件事卻被拿來利用。

某位記者跑去跟梶山告狀：「應該就是佐藤小姐跟週刊洩露了談話內容吧！連打高爾夫的行程都寫了，那個行程就只有她知道不是嗎？」

後來在國會走廊，我被梶山不分青紅皂白地大聲怒罵，他瞪著我大聲質問：「是妳洩漏的吧？」，我窘到必須立刻澄清事實。然而，梶山有個暱稱是「瞬熱器」，他的怒氣只要一暴發，就完全聽不進去別人說的話，當下再怎麼解釋都沒用。後來他終於冷靜下來，周圍的人幫連忙緩頰說「那是誤會」，接著跟我說，「妳被陷害了」。

事實上，不論男女，記者之間當然會發生「陷害」、「排擠」之類的事，只不過女記者特別容易變成陷害目標，這也是因為政治人物比較容易相信男記者說的話。

只要看見女性出頭，就會想打壓的男性，我認為可以分為以下幾類。

一種是從小被灌輸男尊女卑的觀念，標準的「厭女」類型。這種人很難改變，雖然很遺憾，但也只能放著不管。去理會這種人只是浪費人生，我時常按自祈禱他們不要升官。

第二種是為了在競爭中脫穎而出，認為女性只會扯後腿，想把她們排除在外的人。在本書〈序章〉的開頭有提到，曾說過「為了從眾多記者中脫穎而出，想緊咬住政治人物，就得先排擠掉女記者」的男記者就是這種類型。

第三種類型和前兩種類型有重複的部分，這種人厭惡的是當女性進入社會，男性優勢的社會和文化將被迫改變。男人在單一性別的社交世界中過得很好，希望女性不要出來攪局或礙事。

陷害我的男記者，看起來是這三種類型的混合體。

然而，幫忙緩頰說「那是誤解」的也是男性，我陷入低潮時，在國會內部到處找我，一看到我就說「不要管什麼採訪了！今晚一起去唱歌吧！」，接著帶我出去唱歌喝酒的，也是別間公司的男記者。我的周圍不論好人壞人，就只有大叔。

我少數認識的某位政治部女記者，負責採訪自民黨清和研，她也是在男記者的圈子中苦過來的人。輪值的記者夥伴中，就只有她和另外兩位民間電視台的記者是女性。民間電視台的女記者因為經常緊咬著某大頭政治人物不放，常被男記者們開玩笑，「妳也稍微學一下怎麼對政治人物裝可憐比較好吧！」。

然而，某一天，民間電視台女記者採訪到那位大頭私下和別的政治人物在餐廳見面的獨家影像。結果幾位男記者從隔天開始就無視她，說無視，意思是不跟她分享一般輪值記者們共享的政治人物行程和聯絡事項。

明明在那之前都很平常地相處，但他們卻擅自認為女記者「是用女性特質當作武器，才拿到獨家」，一旦把對方當作工作上的敵人，就會產生「不能容許自己被對方超越」的心態。這看起來像是前面提到的「看見女性出頭，就想打壓」的第一種類型，再加上第二種和第三種的混合型，還有「男人的嫉妒」。

女人不懂政治

政治記者們追逐著政治人物的一舉一動，目的是掌握政治動向，取得報導。如果跟到有實力的政治人物，早其他記者一步報導他的言行和政治動向，就很有機會拿到獨家。怎麼緊跟在有實力的人身旁，占了記者生活很大的比重。有實力的政治人物通常當選、連任過好幾次，年紀較長，很多人不習慣和職業婦女來往。基本上這種戰役，對女記者來說很不利。

日本社會長久以來有著女人不懂政治的刻板印象，然而這是真的嗎？我想答案已經呼之欲出，但我還是想在這裡談一談。

和梶山靜六十分親近的佐藤信二眾院議員曾和我說過，「梶山先生表示，他明明教了妳很多，但總覺得妳好像不太靈光。」對此我感到有些震驚。一方面，我認為幾乎沒有記者能被梶山稱讚很靈光，另一方面我認為，梶山所謂的不太靈光，或許和人際關係有關。

簡單來說，如果是政策的話，可以用理性來思考，不過政局和人際關係有關，政治記者除了採訪和報導，也見證了身為大叔的政治人物們，赤裸裸的權力鬥爭。大叔們的思路是什麼？接下來會採取什麼行動？現在說的話背後的涵義是什麼？作為政治記者，必須具備能夠瞬間理解這些行為的素質。當然，乍看之下，這當然對男記者比較有利，但也有比較遲鈍的男記者，他們只能靠自己去努力克服。

「女人不懂政治」，在政治記者的領域，我認為某種程度上指的是女性不容易理解大叔的思維和他們的社交世界，這是從我的經驗獲得的實際感受。

作為政治記者採訪時，能夠觀察男人們的權力鬥爭，自己也有可能被捲入漩渦之中，我其實覺得這很有意思，但同時也伴隨著強烈的空虛感。

夜間的「一對一」採訪

一九九三年夏天，自民黨淪為在野黨後，我負責在厚生勞働省和外務省等官署採訪，一九九六年橋本政權成立時，我負責的是梶山官房長官，那段時間的經歷，因為前面已經有提過，為了不流於重覆，在此省略。

那時的我即將成為中堅的資深記者，在工作上也遇到了一些問題。

對女記者來說，和政治人物、政治人物祕書等人的「一對一」採訪，其實會衍伸出許多麻煩與困擾，尤其是晚上的一對一採訪更特別需要費心。

譬如說，深夜男女兩人單獨去吃燒肉，很容易被聯想成有男女關係，但對記者來說，那是日常工作的一部分。

就算記者本人不在意，採訪對象也會怕被狗仔拍到照片而緊張。明明是堂堂正正的採訪，媒體就是能設計成像是有男女關係，如果有心想陷害，其實很容易。比起政治人物，官員對這種事情更小心翼翼。經常說「被別人看到很麻煩，包廂或半包廂式的地方比較好」。

約白天採訪的話，比較不會碰到這個問題，但有時候對方只有清晨和深夜才有空。如果能用電話或郵件採訪的話倒也還好，若是重大的訪問，不論以前還是現在，面對面採訪都是最基本的。受新冠疫情影響時，想安排面對面採訪處處受限，有段時間不得不改成線上或電話採訪，但線上或電話採訪也有極限，很難碰觸到政治的敏感點，總是會遺漏重要資訊。

年輕時，真的對一對一採訪感到很煩惱。能夠完全不在意男女身分進行一對一採訪，是我當上政治部主任、站上編輯台等責任重大的位置之後。我有自信對方不會隨便對待我。

大概在五年前左右，某位政治人物祕書被女記者單獨邀請去喝酒，他很煩惱，那位祕書擅長解讀政治的脈絡，是很重要的採訪對象。

他說：「怎麼辦呢？這不妥吧！跟某某女士一對一，總覺得很不妙！」

我建議他「再約一個人，約那個誰吧！」，「好，那麼我來問問那傢伙」，他開口約了其他公司的男記者，感覺上對那位男記者很不好意思。不過，因為可以利用女記者輕鬆得到採訪機會，也許有的男記者會覺得「賺到」了也說不定。

後來，過了幾個禮拜，我剛好有事要問那位祕書，就約了他一起喝酒聊天。因為知道之前的情況，問他「要不要約誰一起？如果覺得一對一不太好的話？」，他很爽快地說「為什麼會不太好？就我們兩個人去吧！」。

我已經不是像「某某小姐」一樣，會讓對方在受訪時心神不寧的女記者了。因為年齡、地位以及立場都有很大的差異。我感慨地想著「啊啊，這麼一來，晚上的一對一採訪終於可以不用緊張了，長時間的煩惱總算結束了」。

女記者的利害得失

有孩子的女記者就不用說了，就算是單身的女記者，在工作上也有各種難處。只要是以男性為中心的社會，很遺憾的，女性面臨的困境就不會消失。但不知為何，許多男記者反而覺得他們自己過得比較苦。

「女人真好啊！只要是女的就能拿到獨家。像我已經負責某某政治人物一年了，名字都還沒被記住」、「男人就是對女人比較好。尤其政治人物更是如此，當然是女記者比較吃香」、「女記者根本就像是開外掛」。

這種抱怨我聽過無數次，這些男性們可能沒想過，在日本，光是做為男性誕生，就已經佔盡了優勢。

不知道是不是因為覺得女記者比較吃香，民間電視台的政治部門，也會特別讓女記者負責有力的政治人物，也會有政治人物要求「要讓女記者負責採訪我喔」。我自己在當主任、部長時雖然沒被要求過，但從別的公司的男記者那裡聽過很多次。

確實，先不論好壞，女記者就是顯眼。但顯眼有好處，也有壞處。名字和長相很容易被記住，但另一方面，要是失敗了，也格外顯眼，容易被抓到小辮子或被暗算。要計算利害得失的話，我想女記者反而壓倒性地吃虧。不僅限於新聞記者，相信其他職業也會有這樣的狀況。

不過，因為對方是女記者，就把資訊洩漏出去的政治人物或政府高層，本來就不是想認真和記者來往吧。只是隨便提供一些無關痛癢的情報，利用記者而已。比起男記者，女記者可能比較容易被利用。最好早點跟那種政治人物劃清關係比較好。

二〇一八年四月，週刊揭露了財務省福田淳一事務次官性騷擾朝日新聞女記者的醜聞，引起了很大的話題，這件事或許也跟上述的背景有關吧。

懷孕記者深夜跑新聞

育兒休假法於一九九二年上路，九〇年代休育兒假的情況還不普及，大多數的女記者都會在結婚時辭職，為了將來懷孕、生產、育兒做準備，大部分的人都認為邊工作邊養育小孩十分困難。

即使是現在，有小孩的女記者也很少，九〇年代更是少之又少。有一次晚上跑新聞，在六本木某棟大廈的一樓大廳沙發區等待採訪對象時，看到平常幾乎看不見的景象，某報社的女記者挺著孕肚前來採訪。在場大概有七八位男記者，全部人都占據了沙發，誰也沒有想讓座給那位女記者的意思。我原本想把自己的位置讓給她，但再想了一下覺得這樣做似乎不太好，於是和男記者說「你可以讓她坐你的位子嗎？」。

我知道男記者們並不是故意的，他們也因為長時間的勞動精疲力竭，累到無法顧慮不該讓孕婦在深夜長時間站著這件事。

自民黨的派系政治現在依然存在，但自一九九六年眾議院選舉開始採用小選區制及十一個比例代表制選區的並立制後，掌握人事和金錢的黨執行部，權力飛躍性地增強，派系則弱化了。從前因為採用中選舉區制，派系擁有極大的權力，和想盡辦法緊咬住派系領袖或幹部的競爭時代相比，現在的工作環境對女記者更友善。

到了兩千年以後，轉變為官邸主導的政治，緊咬重要的政治人物或政府高層依然很重要，但我認為更重要的是能夠了解政策、培養洞察力與複眼思考的能力等，也就是身為記者的綜合能力。

不論男性或女性，現在已經是有實力的記者抓到好題材，就能寫出優秀政治報導的時代。也希望女記者不要膽怯，多多踏入政治記者的世界。

然而，要如何在生產和育兒之間找到平衡點呢？即使到現在，這個問題也仍然是一堵巨大的高牆。究竟該如何跨越？請看第三章。

第二章

騷擾的現場

最愛胸部的大老議員

在談論有關「大叔的高牆」時，自然無法避開騷擾的議題。騷擾的種類眾多，主要有以下幾種，性騷擾、權勢騷擾、性別騷擾、母性騷擾[1]、父性騷擾[2]、正義騷擾[3]、選票騷擾[4]等，這章我想討論的是性騷擾。

二〇一七年十月，美國好萊塢電影巨頭製作人哈維・溫斯坦多年來一再性騷擾女星和性暴力的醜聞，在紐約時報的報導下被揭發。因為這個契機，社群網站上興起了「#me too 我也是」的受害者告白運動，並延燒到全世界。

剛好在這段時間，Yahoo! 新聞特輯編輯部、每日新聞、日本電視台、富士電視台聯合邀請三位女性政治部長出席座談會，我也收到了邀請。那是二〇一七年十二月，性騷擾成為了會上重要的議題。

座談會中，主持人問了一個問題，「現在，不管是日本或是全世界，大家開始勇於告發職場上的性騷擾。以前曾發生過男性議員對女記者性騷擾的事件嗎？」

當時擔任日本電視台政治部長的小栗泉女士，先是看向富士電視台的政治部長渡邊奈都子，接著又看向我，回答道：「從前……發生過吧！」

那時，我心想「以前當然發生過，但也不是說現在就完全不會發生性騷擾吧……」，由於在座談會上，不方便隨便說出別人的事。於是在那個場合，我就從自己的經驗中，選了兩個性騷擾案例來分享。我接下來要說的，是其中一個被寫進新聞的故事。

那個人是已經過世的大老議員，很愛碰別人的胸部。去了日本料理店，就會伸進服務生的和服吃豆腐的那種人。有一次，我偶然坐在他隔壁，他開玩笑地將手伸過來，說：「可以摸摸佐藤小姐的胸部吧？」那時候我回答：「你稍微碰到一點我就會寫出來喔！」，聽到這句話，他像是觸電一樣，馬上把手縮回去。那時，我深刻地感受到文字強大的力量，此外，堅定的態度也很重要。

1　譯註：母性騷擾，マタニティハラスメント（Maternity harassment），在職場騷擾或歧視懷孕、生產、育兒的女性，為和製英語，英文原為 pregnant discrimination。

2　譯註：父性騷擾パタニティハラスメント（paternity harassment）在職場騷擾或歧視休育嬰假、育兒假或為了照護申請短工時工作的男性。

3　譯註：正義騷擾，モラルハラスメント（moral harassment），意指正義魔人高舉道德大旗騷擾霸凌他人。

4　譯註：選票騷擾，票ハラスメント的意思是選民或支持者在選舉造勢場合對候選人的各種騷擾。

坦白說，在我的記者生涯中，時常碰到這種看似「輕微」的性騷擾，雖然當下感到很不舒服，但實際上我沒被碰到，也明確的告訴對方不要輕舉妄動，這位議員再也不敢對我伸出騷擾的魔手，所以現在還能夠笑著回顧這件事。然而在座談會中，我分享的另一個經驗並沒有被寫進當時的報導裡，報社可能考慮到報導的整體平衡，因此選擇不寫，但這個經驗對我來說意義更加重大。

意料之外的淚水

另一個是已經過世的大老議員和我之間的事，這件事發生在二十年前。深夜跑新聞的記者們，幾乎每晚都擠在那位議員宿舍的房間，議員則是會和記者們談一個小時左右。某個晚上，湊巧其他記者都沒來跑新聞，議員只好和我進行一對一的訪談。一開始是老樣子，我坐在沙發上稀鬆平常地和議員聊天，突然間，他靠了過來，並用手腕環繞著我的肩膀把我抱住。當時我說了好幾次「請住手」，但他還是不肯停下，最後我只好揮掉他的手逃了出去。那時我看見了在別的房間等待的秘書，秘書一點也不驚慌，就只是很平常地待在那裡。

議員的行動嚇到了我，秘書的表現也是。很明顯的，秘書對議員性騷擾他人的狀況早已習以為常，我無法停止想像「到底有多少女性遭遇了跟我一樣的事」。

那一晚我向兩位男性前輩記者報告這件事，也討論了後續的處理方式。前輩們聽完後馬上表示：「不要再去他那裡跑新聞了！就算拿不到情報也沒關係。」當時，這位議員並不是可以被放著不管的小人物，從報社的角度，一定會想要他提供的情報，對於他們的反應，我感到很欣慰。如果他們告訴我「挑男記者在的時候去就好了吧！你採訪時自己要小心點。」或是叫我乾脆不要負責這位議員了，我一定會感到沮喪。

「不要再去他那裡跑新聞了！」，公司即使付出失去情報的代價，也要守護記者的態度非常堅定。如果是「採訪時小心點吧」或「你就別負責了」的態度，乍看之下好像是體貼記者，但依舊把能不能拿到情報當作最優先，兩者之間有很大的差異。

因此，我對前輩說：「不，明天開始，我一樣會在晚上去議員宿舍跑新聞。但我會小心不要和議員單獨相處。」在那之後，我很平常地在晚上去跑新聞，平安無事的把工作做好了。再次見面時，議員和秘書都像是完全沒事般，不，比起沒事，可以說是完全不在意，他們完全沒有一絲一毫的罪惡感。

在座談會分享這件事時，席間有位男性工作人員表示：「性騷擾這種事沒辦法預防。重要的是，性騷擾發生後周圍的反應。」聽到這句話的瞬間，我的眼淚無預警的掉了下來，心想「明明應該已經忘記了才對，這件事居然成為了我的創傷」，除了向前輩報告之外，是我第一次談論這個性騷擾的經驗。

應該有很多女性跟我一樣，把自己的感受封印起來，儘量不去回想，只是跟平常一樣過生活。在寫性騷擾這個主題時，我訪問了好幾位女性，很多次都能感覺到「她也跟我一樣，用封印情緒的方式，才能讓日子繼續過下去吧」。

那算是性騷擾嗎？

身為政治記者，在自己遇到性騷擾的經驗中，還有一件事讓我始終難以忘懷。那是我當上政治部記者的第二年，當時為了要獲得總裁選舉的情報，每天早上，記者們都會聚集在某位中堅議員宿舍的房間。這位議員非常體貼，為了照顧記者們的健康，準備了大量的沖泡式味噌湯，說「早上一定要喝味噌湯吧」，也會體貼地幫每個人倒熱水，是個溫柔的人。

某天早上，很偶然地，其他記者沒出現，變成我和議員一對一採訪。我們兩個像平常一樣，在廚房一邊喝味噌湯一邊聊天時，他突然說：「妳應該常常睡眠不足吧？要不要稍微睡一下？」，接著他就去隔壁房間把棉被拿過來，開始把棉被鋪在榻榻米上。我婉拒之後，很快地離開現場。議員年事已高，又是一個體貼的人，而且還是早上，那樣算是性騷擾嗎？我陷入了混亂，馬上跟前輩討論。

前輩記者表示：「太誇張了吧！就算累了，怎麼可能在那種地方睡覺啊！那個大叔真是的！還好妳拒絕了。」後來想想，那是很明顯的性騷擾，但我當時還年輕，作為記者的資歷也淺，又因為完全沒把年老又體貼的議員和性騷擾連結在一起，差點就陷入「這樣的話，我就恭敬不如從命，稍微補個眠好了」的危險狀況。

除了上述的經驗之外，在一九九〇年代，也發生過另一件事。當時一位大老議員答應接受我的採訪，卻因為是複雜的案件，希望可以面對面採訪。在和他約見面時，他卻說：「我想拿資料給妳，再好好談談，妳能不能到我旅館的房間慢慢聊呢？」。因為是熟識的議員，我不知道該不該答應。和前輩聊過後他卻說：「絕對不能去」。那位前輩連理由都很仔細地講給我聽，「即使什麼都沒發生，如果被別人看到妳進了議員的房間，那就是百口莫辯。」聽完他的分析後，我覺得確實不妥，我便拒絕了對方，「我不能去您的房間」，議員還糾纏著「這樣的話，能不能到房間那層樓的走廊來呢？」我也拒絕了這個提案。結果，對方很不情願地到旅館底下的餐廳接受採訪。

身為記者，我後來並沒有和這位議員撕破臉，但假設那時被對方強迫進去房間，或前輩給我的建議有所不同的話，會怎麼樣呢？我直到現在也時常在思考這件事。

鄉下的性騷慣犯是警察

在鄉下地區工作時，經常發生性騷擾事件。我時常聽到警察性騷擾派駐當地女記者的傳聞，我自己雖然不曾遭到警察性騷擾，卻曾被消防局職員性騷擾。

長野支局時代，作為採訪工作的一環，我也常跑消防局，久而久之便和職員們熟了起來，有一次大家一起吃晚餐，回程我坐某位職員的車，開到一半，這位職員卻突然把車停下，轉頭就親了過來。我立刻制止他，大聲說道：「請你住手，請住手」，他才總算把頭轉回去，當作沒事般繼續開車。發生這件事後，我完全沒跟前輩或上司申訴，其實是因為當時的職場和社會風氣不允許。當時我還是剛進地方支局工作的新人記者，若是一進公司就馬上引起風波，一定會被認為「女人果然就是麻煩」或「為什麼連那點小事都不能處理好」，也許還會影響到升遷。我想有性騷擾經驗的人大概都能理解，雖然很遺憾，但在職場上申訴的門檻真的很高。

我只跟一位和我同年、隸屬於其他支局的女記者在電話裡討論過這件事，她說「這種事絕對不能跟上司討論！最後人資只會把你踢出去而已！」。接著她跟我分享了她的經驗，她也曾被警察性騷擾。

由於她緊咬住作為採訪對象的警察，在晚上跑新聞時還進了警官的自宅，時常在客廳進行採訪。某個晚上，警察的妻子出門旅行，兩人和平常一樣在客廳聊天時，那位警察突然關了房間的燈，試圖侵犯她。她拼命地抵抗後好不容易才逃回家。我問她「那後來怎麼樣了？你有跟誰討論過嗎？沒有去和相關單位申訴嗎？」她回答，「不可能跟上司說吧！我沒跟任何人討論過，也沒向警察機關抗議。不過，我威脅了那位警察，拿到了更多的情報。」

或許有人會認為「她好勇敢喔！」，事實上根本不是如此。和我被消防局職員性騷擾一樣，當時，如果向相關單位申訴或跟上司討論，責任很容易被歸咎到女方，他們還會說「那種程度的事情，為什麼要鬧大呢？」、「妳這種人肯定連工作都做不好吧！」。即使到了現在，發生性騷擾，依舊有許多人會責怪受害者，當時甚至連「性騷擾」這個詞都尚未普及，整體社會的水準過於低落。

如果發生在現在，這很明顯是性騷擾，是該警察單方面的惡意騷擾，這位女記者不該受到任何不公正的對待，但當時的人們完全沒有這種認知。也很少人會像她一樣，選擇私下威脅對方借此取得情報。因為無法以受害者的身分挺身而出，所以只能讓對方付出那種程度的代價而已，幾乎所有的受害者都只能隱忍哭泣。

被獻祭的女記者

這裡我想再分享幾個曾被性騷擾的女性的真實經驗。這些人之中有記者，也有在保險公司工作的職員，時間點從一九八〇年代後半到幾年前，有人希望以匿名形式受訪，也有人告訴我「已經沒關係了，就算實名也行」或「希望妳把更多故事寫出來」，不過所有出現在本書的例子，我都是以匿名的方式分享。

某位女記者告訴我，她曾被其他公司的男記者性騷擾。時間是一九九〇年代中期，她收到隸屬同個記者俱樂部、其他公司的男記者邀請，去了名為懇親會的酒聚。各個報社、電視台都會在記者俱樂部裡，安排等同於一般企業課長的主任記者和底下幾名記者。那時的酒聚成員一共有五位，三位記者和一位主任記者，都是男性且隸屬於同一間公司，只有那位記者是女性，和其他人不同公司，也算是被找去做客。大家幾乎都是三十幾歲，主任稍微年長一點，眾人開心地度過一晚後，主任提議要用計程車送她回家。她雖然婉拒了，但是其他人不斷說服她：「就接受吧」，因為不好意思拒絕，她就跟主任兩人單獨坐上計程車。一上車沒多久，主任就開始碰觸她的身體。她說了「請住手」，一邊拜託對方「請放我下車」，嚴正拒絕了主任要送她到家門口的堅持，並阻止了對方想一起下車的行為，計程車還沒開到她家門口，她就急忙衝下車，最後總算是平安回到家。

她說，「我後來才明白，所有的男記者都知道酒聚之後會發生什麼事，他們都在幫主任安排。也就是說，他們都是共犯。我和其他人打聽之後才發現，有一些和主任有關的負面傳聞。我想我是被看上，當成獻給他的貢品了吧。」

在那之後，因為工作繁忙，也想快點忘記不愉快的事，她沒跟任何人聊過。

此外，也有被採訪單位的企業高層性騷擾的例子。一九九〇年代後半，各家記者因為要採訪業界重組的新聞，集中採訪某企業的幹部。有幾位記者固定晚上會到企業高層的家裡採訪，某天，我認識的那位女記者被叫到高層自宅附近的酒吧。一進到酒吧，就被叫去坐在企業高層隔壁的位置。結果，酒都還沒上，高層的手就伸過去摸她的大腿。她立刻制止對方：「請你停手！」，之後馬上起身離開酒吧。

和上司討論後，她決定向該企業提出申訴。然而高層本人自始至終都沒有親自道歉，一直都由公司方代為出馬，為了表示歉意，還寄了大量的公司產品給那位女記者。她感到十分憤怒，「這種處理方式也太把人當傻瓜耍了！」

議員秘書的深吻

也有人曾被國會議員秘書性騷擾。一九九〇年代末期，某位女記者在晚上九點左右被某位國會議員的秘書叫到酒吧，說是可以給她更多議員的情報，也說有任何問題都可以跟他商量。但是到了酒吧，秘書完全沒談工作，還邀她一起跳慢舞，她想說不要讓對方不開心，雖然內心百般不願意，也還是一起跳了，跳到一半，對方小聲地在她耳邊說「伸出舌頭」，試圖深吻她。她用盡辦法閃躲，最後總算離開了現場。那件事發生後她緊盯著秘書，準備他一有行動就直接和議員本人報告。

這件事她也有和上司報告，結果卻被當成笑話。她很遺憾地說：「秘書利用議員的力量性騷擾別人確實可惡，但被上司訕笑更令人火大。當時的我覺得自己被孤立了，沒有人願意幫忙，甚至連同情都沒有」。

上述的例子雖然已經是二十多年前的事，然而我可以很篤定的說，性騷擾絕對不是過去式，是現在進行式，接下來要講的是幾年前發生的事。某個晚上，有位女記者不小心漏接了公司打來的電話，第二天上班時被男同事糾纏，「昨天為什麼不接電話？是在沖澡嗎？」工作時也纏著她問「可以揉妳的胸部嗎？」因為對方是每天都會見面的同事，她為了不引起風波，就忍了下來，沒有向上級申訴。公司發性騷擾調查表時，她寫下「只調動職位，不施予嚴厲處分的話，是無法徹底杜絕性騷擾的。」

告訴我這些事時，她眼眶泛淚，我連忙跟她道歉，「讓妳想起討厭的事，真的很抱歉」，她把淚水擦乾，微微地一笑，說：「不，我幾乎沒跟任何人說過，但能說出來爽快多了，實在太好了。」

同時她也提到，在公司只要一有女性升職，馬上會傳出「是跟高層好上了吧」這種不堪的謠言，對此她也感到既無力又厭煩。

大型保險公司的性騷擾日常

我認識的某位女性是大型保險公司雇用的第一位女性綜合職[5]，一九八六年開始實施男女雇用機會均等法，禁止在招募、雇用、升職上的男女歧視，但因為這間公司在一九八六年並沒有錄用任何一位女性綜合職，所以在一九八七年入職的她，成為了該公司第一位女性綜合職。這一年，被雇用的綜合職新進人員大約有一百六十人，只有兩名女性，她是其中一名。在進公司三年後，她因為氣喘發作、病情惡化而離職，當時似乎只能以生病為理由離職，其實背後還有其他原因，也就是性騷擾。

包含言論在內，各式各樣的性騷擾幾乎充斥著她的日常。像是在保險公司和代理公司的宴會上，被坐在旁邊的代理公司男性襲胸，甚至還把手伸進她的兩腿之間。聽到她說出「請住手」時，同桌的男性職員們都很驚訝。因為保險公司一般職的女性職員們，到那時為止都沒勇氣說出「請住手」這三個字，多數人都選擇忍氣吞聲。她甚至聽到男性社員在背後批評她「被摸一下又不會少一塊肉」。她離職後，做著截然不同的工作。上司剛好是女性，職場上也從未發生過性騷擾，於是她的氣喘在換工作後馬上好了。

稍微離題一下，她說在擔任綜合職這三年，遇到性騷擾固然很痛苦，但還是「沒有容身之處」最讓她苦不堪言。同梯綜合職的男性，完全不把她當同事看待，女性的一般職職員，把她當成「既不是女人，也不是男人，是一種無法理解的生物」。每天早上，她都會和一般職的女性一起為上司和男同事倒茶。因為進公司時她曾被告知「早上要必須其他女性職員一起倒茶」，同梯的男職員當然不用倒茶。職場上只有她一個人格格不入，那才是最痛苦的。

聽了這麼多案例，只有一件事足以成為我的救贖，那就是也有女性至今從未遭受過性騷擾。我一直以為和我同時代的女記者，沒經歷過性騷經驗的人相當

5 譯註：日本企業中有「綜合職」和「一般職」的差別，綜合職指的是能晉升至管理階層的職位，而一般職指的是協助綜合職的行政事務工作。在一九八〇年代以前，極少大企業會以綜合職雇用女性。

少，和一些人聊過後發現其實並非如此。大概也跟所處的職場和人際關係有關吧！但是，在我擔任新聞記者的一九八零年代後半到兩千年左右，性騷擾橫行，現在也尚未絕跡。

宴席上的「性別騷擾」

就像本章開頭寫到的，騷擾的形式有很多種。我雖然幾乎沒有別人談過這個話題，但內心對於性別的壓力也感到相當沉重。所謂性別騷擾，是基於性別的霸凌。比較容易懂的例子像是「女生要有女生的樣子」、「男人要有男人樣」等類似的言行舉止，在宴會場合強迫女性替男性倒酒，也是很明顯的例子。

另一個例子還有在唱卡拉 OK 時，總是會有男性強迫我跟他跳慢舞。從長野支局時代開始，在我還是年經記者時，大概被採訪對象強迫跳了二十次以上的慢舞吧，沒有一次不覺得不愉快，最讓人氣餒的是，我連一次都無法拒絕。

在酒會上，女性也會被指定要坐在作為應酬或採訪對象的男性旁邊，被指定座位絕對不是什麼愉快的事，也蘊含著希望女性幫旁邊的人倒酒的期待。我也曾經想過，這樣的安排，是因為坐在旁邊能看著對方的臉好好說話嗎？然而，比起旁邊的位子，對面或斜對面更能清楚看到臉，也更容易說話吧。男人們可能都是無意的，但是強迫女性坐在應酬對象或上司旁邊的行為，幾乎等同於「被請客的男性發現旁邊坐的是女性就會開心」、「反正女人說的話也沒人要聽吧」、「女人就只適合倒酒」這種充滿歧視的言論。

然而，當女性也晉身管理階層時，就鮮少會受到上述的對待，雖然這種事不太可能完全消失。幾天前，我出席了新聞記者為某位學者舉辦的飯局，男記者說「那麼，請佐藤女士坐在老師旁邊吧」，很久沒受到類似對待的我嚇了一跳。但現在和以前不同，已經不是所有人都會勸我「對啊對啊！妳就去坐那裡吧！」的時代了。在場好幾位記者露出「這種事有點不太好吧」的神情。一瞬間氣氛變得很微妙。為了打破尷尬，我一說出「不，要性別平等啊！」，大家就笑了，某位男記者坐到了學者的旁邊，聚會就此展開。我自己覺得「性別平等這個說法還滿恰當的」，如果在現場說出「這樣是歧視女性」，說不定會馬上冷場。

除了像性騷擾一樣明確的例子外，很多女性在男性毫無察覺時，也常常感受到性別騷擾，努力思考著該如何應對，也容易陷入煩惱或沮喪。遇到性別騷擾的狀況，被害者也很容易被批評為無法適應社會的人，或是「連這種事都會介意的麻煩傢伙」，所以很難出聲抗議，長期累積的厭力會在自己都沒察覺的情況下，造成心理創傷。

伊藤詩織的舉發

這幾年，性騷擾的問題重新受到各界注目，背景是前面說到二〇一八年擴及到全世界的「#MeToo 運動」，還有在二〇一九年三月，日本連續四起性暴力事件的無罪判決，讓日本全國各地發起了每月十一日抗議性暴力的「花遊行」。

二〇一五年四月，立志當記者的伊藤詩職，因錄取公司的介紹，和 TBS 前記者山口敬之聚餐，餐後被山口性侵，她到警視廳提出受害告訴。山口因為準強姦嫌疑被送檢，東京地檢署因為嫌疑不充分，做出不起訴處分。伊藤對檢察審查會提出不服，但檢察審查會還是議決「不起訴」。於是，伊藤提起要求損害賠償的民事裁判，東京地方法院於二〇一九年做出「性行為不合意」的判決，伊藤勝訴。山口上訴，但審判庭二〇二二年一月也做出「山口未經對方同意進行性行為」的判決，追認了一審的判決結果。然而，二審判決也認可了一部分山口的反論。伊藤、山口兩人都上訴。

雖然警察署在準強姦嫌疑下對山口進行搜查，東京地方法院也發出了逮捕令，然而《週刊新潮》的報導卻揭露了警視廳並未執行逮捕令的真相。大家都知道山口和當時的安倍晉三首相關係良好，這其中是否有政權當局的介入？還是警視廳幹部忖度上意呢？

許多人對伊藤詩織的誹謗中傷，對她造成了二次傷害，這些行為實在不可原諒，我想對伊藤充滿勇氣的告發表達敬意，過往面對性暴力，許多女性不得不在暗中哭泣，或是默默接受司法的不當判決，希望伊藤的行為，會是改變這些狀況所跨出的巨大一步。

財務省的「大叔感」

在二〇一八年四月十二日發售的雜誌《週刊新潮》上，報導了財務省事務次官福田淳一把朝日電視台的女記者叫到餐廳，並做出性騷擾發言一事，掀起了巨大的風波。週刊新潮在網路上也公開了性騷擾現場的音檔，有一個應該是福田的聲音問到「可以摸妳的胸部嗎？」、「可以抱妳嗎？」。

福田表示，「我和女記者之間沒發生過那種事」、「光憑這個音檔也無法判斷對方是不是真的是女記者吧」、「我去了由女性接客的店，和店裡的女性玩玩文字遊戲罷了。我不覺得我有性騷擾女記者。」他矢口否認，甚至連當時的副總理麻生太郎、財務大臣、財務省都護著福田。但執政黨內部強烈要求福田下台，福田在否認事實的狀況下，因所謂造成財務省內部的混亂，而負起責任下台。

然而，財務省在要求各個公司的女記者協助調查時，處理方式之差勁，受到了猛烈的批評。他們的作法完全不顧及女性受害者出面指控的心理負擔和二次傷害，暴露了濃濃的「大叔感」，這就是被稱為「官府中的官府」，日本財務省的真實狀態。

另一方面，記者提供了和福田用餐時一部分的錄音，站在必須保護情報來源的立場，也出現了對記者的指責。我也認為，如果有別的方法，而不是直接提供錄音檔就好了，但是在這個例子上，我覺得批評記者只是試圖轉移問題而已，我並不贊成一味的指責記者。被害者因為沒有其他控訴手法，不得不錄音，和記者的倫理應該分開討論，此外，我認為當務之急是提供受害者協助。

沉默的壓力

福田的性騷擾事件發生時，我也回想起自己過去的經驗。在議員宿舍的房間差點被抱住那件事，因為兩位前輩對我說：「晚上不要去那種傢伙的房間跑新聞了，就算沒有從他那裡拿到情報也沒關係」，讓我不至於崩潰。在這個例子裡，雖然那位議員是個大人物，但不是像政黨幹事長那種「唯一」的存在。他提供的情報，從報社的角度來看雖然必要，但萬一有突發狀況，只要能從其他議員那裡獲得情報，還是能解決。但是，要是遭到像福田那種中央官署次官的性騷擾，究竟該怎麼辦呢？福田不僅無可取代，也是平常必須去採訪的對象，後果會變得如何呢？

事實上，我相信，報社裡沒有人會告訴我不去採訪也沒關係，最好的方式是申訴抗議，但就算申訴，也可能會被暗中掩蓋掉，甚至有可能會被報復。報復有很多種做法，其中一種是所屬的整間報社都被拒絕採訪。若是出聲抗議，就必須有所覺悟，或許會遭到社會批判，受到二次傷害，也有可能會被指責「女性本身也有問題」。

要申訴，必須有確切的證據，但性騷擾大多發生在密室中，取證非常困難。

在必須保護情報來源的前提，不能私下錄音或公開錄音檔。那麼，如果換另一位記者去採訪就可以了嗎？換人負責能夠躲過一時，但並非根本的解決之道。受害者可能會喪失自信，而對方也不會反省，可能會重覆相同的性騷擾行為。

可以預期的是，為了不引起騷動，很多公司、很多人都會說服被害者「希望你能妥善的處理」、「這件事就讓它過去吧」，這就是沉默的壓力。但是，就算當時把這件事壓了下來，也會在受害者心中留下很大的傷痕。只強迫受害者承擔一切，這種處理方式明顯有問題。

關於福田的性騷擾疑雲，二〇一八年四月十八日，電視台職員創辦的「日本民間放送勞動工會聯合」會和「民放勞陣女性協議會」，提出了以下的抗議聲明。

「在電視台工作的眾多女性，因為避免和採訪對象或製作方的關係惡化，就算一再發生等同性騷擾的發言及行為，至今為止，都被要求放過對方。即使自覺受到了屈辱，卻無法和任何人討論，這個問題絕對不能置之不理。記者、製作人、工作人員、還有演出者們遭受的性騷擾從未間斷，現在的工作環境卻始終不能讓他們在受害後安心提告。若不導正此歪風，將難以進行健全的採訪和製作工作。」

從我年輕時因性騷擾而煩惱的九〇年代到現在，情況看似有改善，但本質上卻沒有太大的變化。雖然漸漸變得能夠出聲抗議，但事實上，即使只是發聲，門檻還是非常高。

男人的過度反應

性騷擾這個詞第一次出現在日本，是在一九八九年的新語．流行語大獎，但那之後的數年間，我們大多數人都不知道性騷擾這個詞，也沒意識到性騷擾這件事。性騷擾一詞的普及，大概是在一九九七年男女雇用機會均等法中，首次明確記載了性騷擾對策開始。

確立性騷擾這個詞彙非常重要，先前提到的前大型堡險公司綜合職第一人就曾經回顧，「當時我沒辦法將性騷擾這件事說出口，甚至也沒有性騷擾這個詞。有相對應的詞彙，才會有力量發聲。」

在沒有「性騷擾」這個詞的狀況下，就算女性投訴受害，也會被說「是你想太多」，反而容易被批判，甚至可能會被認為「在意那種事，妳是不是哪裡有問題啊」。沒有「性騷擾」一詞的時代，包括我在內，很多我認識的女性都只能暗自哭泣。但是，當社會大眾充分認識「性騷擾」這個詞後，逐漸意識到「性騷擾是不對的行為」、「受害者並沒有錯，錯的是加害者」，相較過往變得比較容易進行申訴，接獲申訴的上司也不得不處理，和過往有相當大的差別。

另一方面，某些男性也開始反應過度。最常發生的是男上司不再約女部下一對一喝酒。如果不會因此影響工作那完全沒問題，但像報社記者的工作，就會因此受到阻礙。像是正在追某條大新聞，當天必須私下討論，有時忙到沒時間，只能把晚餐當作開會時間的狀況。一般會變成「那麼等工作告一段落後，我們邊吃飯邊開會吧」，但如果是男女一對一，就變得有些麻煩。我本來完全沒意識到，不過從某個時期開始，我的上司就突然不找我喝酒了，我問對方「怎麼了嗎？」對方回答，「啊，我想說一對一不太好吧」，讓我有些驚訝。心想實在沒辦法，只能放著不管，然而過了好一陣子，明明情況完全沒改變，對方卻又很普通地開始約我喝酒討論，某些男性雖然不知所措，但也有試著調整自己。

對記者來說，並非直接談工作，「喝酒聊天」的應酬是很重要的社交場合。可能有人會說想喝酒的話，一大群人一起喝不就好了，但這其實不是重點，重點在於有些話，要「一對一」採訪才能聊，這種習慣對我們報社記者來說特別重要，在這種狀況下，若是只有女性沒被邀請，就會產生問題。

但是，我認為這個問題依舊是因為女性在職場上是少數才會發生。若是男女比例更接近，只有女性單方面不被邀請參加酒會，而對女性造成不利的狀況大概也會消失。

不反省的社會

確立了性騷擾這個詞，對性騷擾的認識看似漸漸普及，然而，性騷擾為什麼不會消失呢？

福田次官的性騷擾事件發生時，某位政治人物的說法被網友瘋傳。「如果福田因為那種事辭職，日本一流公司的高層全都得辭職了。」因為我並沒有向那位政治人物本人確認發言的內容，只能匿名刊登，但我覺得這的確很有可能是他的發言。如果他真的有過這個發言，就連政治人物本身都毫不猶豫地說了，那麼不只是國會議員或中央官署，就連民間企業也一樣充斥著性騷擾，這種毫不反省的社會到底是怎麼回事？我認為這是名為「大叔社會」的重病。

我的女性友人很生氣地說：「日本男人終究還是把單身女性當白痴」。她會這麼說是因為，根據調查顯示，單身女性遭受性騷擾的比率較高。我認為那是因為從男性的角度看來，被指控性騷擾時，如果對象是單身女性，就能狡辯是對方主動誘惑，或許有可以開溜的餘地，若是已婚女子的話，配偶可能會出面，也有可能會把事情鬧大，他們大概是無意識地進行這樣的算計吧。

我常覺得不可思議，大叔們這樣做，難道沒想過自己的女兒也有可能成為性騷擾的受害者嗎？還是他們認為「讓女兒在家當家庭主婦就好了，沒必要去公司上班」，或是「去優秀的大公司上班的話應該沒問題吧」、「有父母的人脈應該沒人敢出手」。還是說，他們覺得「被性騷擾的女性也讓人有機可趁」。我完全無法理解這種把因為性騷擾而痛苦的女性，和自己的女兒分開思考的行為。

我認為，若是受到性騷擾，應該明確地和對方表示，他的行為是性騷擾，或是和公司的窗口、工會討論，讓對方承認事實、道歉和確實防止再犯。但是一般來說，公司的性騷擾申訴門檻較高，許多受害者不願意申訴，或許也和無法信任公司的處理能力有關。

一九九七年首次在男女雇用機會均等法上記載了性騷擾對策，在那之後經過了多次修正，直到現在還無法完全禁止性騷擾。如同我的友人所說，如果不嚴懲，性騷擾就不可能停止，日本社會的應對非常隨便。對性騷擾感到苦惱的人們，身處於對性騷擾視而不見的環境中，這麼一來，根本沒辦法創造出讓每個人都能舒適地工作，進而使業績成長的公司和社會吧。更不用說讓女性活躍了，這都只是政府的空話而已。

第三章

我討厭「首位女性〇〇」的說法

玻璃懸崖

和我同年或比我更年長的職業女性，可能都曾經在職場被稱為「首位女性〇〇」。我的話，是第一位負責自民黨經世會的女記者，第一位每日新聞華盛頓女性特派員，後來成為第一位全國大報女性政治部長，說實在的，我覺得「首位女性」這個稱號有點被過度使用。

二〇二一年十月，作為大叔社會象徵的勞工界，誕生了「首位女性」會長。當時五十五歲的芳野友子女士被選為日本勞動組合總會會長，是一九八九年以來第一位女性會長。她只比我年輕一點點，我們算是同一個世代的人。

另外，在二〇二〇年七月，也宣布由當時六十一歲的小畑雅子女士就任全國勞動組合總連合的議長。小畑是第一位成為日本勞動工會全國中央組織領導人的女性。也就是說，當時，兩個全國勞工工會的領導人都由女性擔任。

芳野女士在被選為會長的定期大會上，發表了以下的就職演說：「我和日本勞動組合總連合會產生連結的契機，是加入連合東京的女性委員會。當時構成組織的女性領袖們，認真討論女性人權和勞權，也致力於創造出讓女性安心工作的環境。我一直認為那些人也能在本部裡繼續活躍，很可惜的是，女性有所謂的

『玻璃天花板』，因此我也看著許多人非自願性地離開。一開始，我不知道擔任連合會長這個選擇是否正確，但只要一想起那些女性的臉龐，我就告訴自己，絕對不能放棄突破玻璃天花板的機會，因此，我已經做好了覺悟。」

芳野女士在演說中，提到了組織內阻撓女性升職、看不見的阻礙──「玻璃天花板」（glass ceiling）這個詞，讓我想到所謂的「玻璃懸崖」（glass cliff）。

「玻璃懸崖」指的是組織越是處在危機狀況，就越容易讓女性擔任要職的傾向。在晉用女性的名義下，讓她承擔高風險的工作，如果成功就是賺到，萬一失敗了，人們也傾向認為是她的能力有問題，將女性視為失敗的代罪羔羊。這麼做背後的理由，似乎也和不能讓「重要的男性」去做沒前途的危險工作有關。

我不認為連合工會想把全部的責任都推到女性身上，不過，支持立憲民主黨的產別（同業中不同企業的工會組織起來的產業別勞動組合）和支持國民民主黨的產別之間，因為政治路線的對立，使得連合會長的人事決定陷入膠著，「因為沒有人想做吃力不討好的工作」，間接導致了女性會長的出現。

熟悉連合工會的前在野黨議員都這麼解釋，「雖然這麼說對女性很不好意思，不過當組織遇到困難或麻煩時，讓女人或年輕人擔任領導人就好了，誰也不會反對。」

如果不是因為政治路線的對立引發了人事爭議，連合工會大概不會選出女性會長吧。

「如果妳是男人一定能更加出人頭地」

話題回到我自己，我長期以來都很討厭「首位女性〇〇」的頭銜。明明都是工作，為什麼還要區分男女呢？在女性尚未踏入的領域，一定會有人成為「首位女性」，所以才要大肆吹捧嗎？對被稱為「首位女性〇〇」登上媒體版面的人，我雖然滿懷尊敬，同時也會產生複雜的情感。

我認為自己在工作上面對很多情況時，都會採取相當強硬的態度。我想這也是因為不想讓人覺得我是女性，所以無法把事情做好，或許也跟我意識到自己的女性身份後，會過度想跟男性社會同化有關。然而，在我擔任政治記者的職業生涯中，不僅找不到值得效法的女性政治記者，也時常感到孤獨和不安，在工作上經常都處於暗自摸索的狀態。

我經常看到女主播說：「想成為安藤優子女士那樣的人」、「國谷裕子女士是我的目標」，我對此感到很羨慕。能夠找到典範人物，並當作自己的目標，實在很幸福。

不再介意「首位女性」這個頭銜，也可以說我的心態轉為積極接受，是在二〇一三年當上論說委員時，當時的我已經四十八歲了，簡單來說，我在擔任報社記者四分之一個世紀以上的時間，都因為「首位女性」這個頭銜而感到苦惱。

結束政治部的編輯台副部長和編輯委員的工作後，就像是從政治部畢業一樣。在我當上論說委員時某位女性同事對我說，「佐藤女士如果是男人，一定能更加出人頭地。」

我因為能當上一直以來嚮往的論說委員而感到光榮，非常開心，卻對她的反應十分驚訝。

順道一提，所謂的論說委員，就是報社之中負責社論的記者，具體的工作是每天得花將近兩小時討論，一天要寫兩篇社論。論說委員會從政治部、經濟部、外信部、社會部、生活醫療部、科學環境部、學藝部、運動部等各部當過部長職或老手記者中，以專業度為基準，遴選出二十多人。我是負責外交、安全保障領域，當時也是年紀較輕的社論委員。

對報社以外的人來說可能有點難以理解，事實上，報社記者到了一定的年齡，就會被迫選擇在接下來的職業生涯中，是要作為寫作者繼續活躍，還是作為管理幹部，成為編輯或管理部門的負責人。

每日新聞政治部的大前輩，獨立報導者岩見隆夫先生，一直到七十八歲去世前都還在撰寫政治專欄，是位精力充沛的寫作者，但一起喝酒時我問他：「你後悔過沒做什麼事嗎？」他回答：「當政治部長」。記者的最終選擇，就是如此的令人煩惱。

有人認為擔任論說委員或編輯委員，作為寫作者活下去，是身為記者最棒的選擇，但也有人不這麼想。我沒想到會有人把論說委員這個職位和出人頭地畫上等號，我從沒想過要那樣理解。

針對她「如果是男人就能更加出人頭地」的發言，我感到驚訝的理由還有一個，先不論出人頭地的定義，或是想不想出人頭地，因為是女性就不能出人頭地，這種過於理所當然的態度，實在讓我驚愕。

我對於自己能成為論說委員，只是純粹感到很開心而已，因為到那時為止，我並沒有想出人頭地的志向和自信。純粹只是她認為因為我是女性，所以「很難出人頭地」，更重要的是，因為是女性，就得理所當然地接受這樣的想法，其實是日本社會根深蒂固的問題。

那時，我還沒想過自己會再度回到政治部，並當上部長。

接著我想談談，當了四年的論說委員後，我是如何成為「全國大報第一位女性政治部長」，又引起了什麼樣的迴響。

升任政治部長的第一個通知

每日新聞的慣例是二月中下旬會秘密發表四月的人事異動。報社記者這種生物，大多數人都熱愛採訪，也很愛關注人事異動的情報。特別是男記者，很多時候，早在秘密發表前，各種情報早已傳遍。

離題一下，以前某電視台的政治部記者，在政局關鍵時刻收到秘密發表，得知要調到地方局處，嗚咽道：「糟糕！都在採訪政局，疏忽了社內的人事」。看來很多人真的很在意人事情報。

二〇一七年成為政治部長前，最早告訴我這個情報的人，是某位男性海外特派員。那年一月，他很早就打電話來跟我說：「想說反正妳這個人一向消息不靈通，絕對不會這麼早知道，所以就乾脆直接打電話過來。妳這回，好像會當上政治部長喔！」。不知道為什麼，海外的同事消息反而更靈通。

過了幾天，我被上司叫去，收到了秘密發表。

「四月開始妳就是政治部長了。政治部的前輩們說要找妳一起喝酒，幫妳加油打氣，妳什麼時候方便呢？」事情很快地傳開了，因為要確定聚會的時間，所以得先決定日期。

和在連續劇中人事異動的戲劇化場面完全不同，我的情況就只是這樣。我私心推測，因為是女性部長，公司裡恐怕也有異論。有一次我對同事抱怨：「明明可以說明的詳細一點吧？」，結果被安慰：「被叫到辦公室宣布還算好，像我可是在走廊和長官擦身而過時，被通知要調動」，很奇妙的，我也就接受了他的安慰。

《週刊文春》報導了五位女性部長

前面提到，每日新聞包含我在內的政治部，還有社會部、生活報導部、科學環境部、大阪地方部另外四個部門，一口氣出現了五位女性部長。五個人都是一九八七年到一九九〇年間入社，相當於男女雇用機會均等法上路後的第一世代。《週刊文春》聽到五位女部長上任的消息前來採訪，報導很快地在二〇一七年三月九日上線。回頭再讀，整體而言是充滿善意的報導，但有些細節的表達卻很微妙，在文字間讓人感覺到男性的目光，想在此做一點討論。

在「政治部長也是！社會部長也是！每日新聞，推動女性活躍的旗手」這樣的標題下，放了朝比奈豐社長的照片，下方並列了三位新任女性部長的照片。

對我的評價是「性格爽朗，不讓鬚眉的類型」。對社會部長磯崎由美女士的評價是「從年輕時就楚楚可憐」。對科學環境部長元村有希子女士的評價，則是經常登上電視節目的「媒體熟面孔」。

而接著報導促成此次「女性晉用」的旗手是每日新聞的「頭頭」，也就是朝比奈豐會長。

被評為「不讓鬚眉」或是「可愛」的女記者們，在男社長的英明裁示下，升上了部長，媒體的敘事方向是這樣。部分細節有稍稍和事實不同，但因為和公司資訊有關，就容我迴避。不過，女性進入男性社會時，大概就會像這樣被描述，這種充滿刻板形象的寫法，讓我覺得不太舒服。

男性升官時，有時也是因為基於組織平衡或人事抗爭的結果，但多數都是因為個人實力受到肯定。但是輪到女性時，光是個人實力被肯定，好像沒辦法說服所有人。到目前為止，女性要奪取男性一直以來占據的地位，總得加上別的補充說明。

為什麼會誕生五位女性部長呢？《週刊文春》的說法是，「相對於讀賣和日經這兩間大報，在此之前，每日新聞從未讓女性擔任重要職位。在現在這個時間點做出這樣的舉動，是不是對將『女性活躍』納入戰略的安倍首相的表態呢？」

公司方完全沒有對安倍首相表態的打算，我在被問到就任政治部長的原因時，這樣回答：「進入數位時代，各家報社都因為訂閱數降到低點被迫改革。若不活用公司內部的多元意見，就挺不過這場生存競爭，因為這樣的判斷，所以才連結到促進女性活躍吧！」。

和週刊的「對安倍首相的表態」相比，我的回答完全不有趣，可能聽起來像場面話，但我是真心這麼想。就像前面說到的，沒有人跟我說明「為什麼讓我當部長」，所以這僅僅是我的推測，不過大概沒有太過偏離事實。

前面提到組織面對危機時，就會晉用女性，每日新聞五位女性部長的上任，也適合這種「玻璃懸崖」的理論嗎？我想或許公司並沒有那麼強的危機感，不過相反的，報界如果順風順水，很可惜的，大概也不可能出現五位女性部長。

成為華盛頓特派員

華盛頓特派員、論說委員、政治部長，我的工作經驗一字排開，也許會有人認為，我就像走上了報社中出人頭地的康莊大道，但事實不是這樣。

讓我把時間稍稍往前推。

二〇〇一年擔任華盛頓特派員時，我三十六歲。在華盛頓支局，因為不僅是報導美國國內的新聞，也必須從美國的角度看世界，橫跨眾多領域，各報社會派出外信部、政治部、經濟部等各部出身的記者。除此之外，政治部當時也有幾個呼聲很高的男性人選。

政治部出身的華盛頓特派員，除了採訪外交、安全保障方面的新聞之外，也要做美國總統選舉的採訪，責任非常重大。政治部派女記者擔任特派員，這件事今天看來沒什麼大不了，但當時幾乎沒有報社派女記者去當華盛頓特派員。

當時的我，認為自己被選中的可能性接近零，因此沒有積極地爭取，頂多就是只在角落舉起了手，表示自己想參與而已。

據說，當時在選人上陷入了難關，我也是在很久之後才知道，許多人在背後推了我一把，不斷強調「應該選擇最努力工作的人」。就算我的工作實力受到肯定，如果沒有那些人的幫忙，我絕對無法被選上。

在背後支持、促使公司選擇女記者，在當時需要很大的勇氣。如果失敗的話，推薦者也會被究責，若是男特派員表現不如預期，就只會被說「明明對你有很大的期待，你卻表現得不是很好啊！」。女性卻會被說些有的沒的，不只是被推薦的女性，推薦者也不得不做好覺悟。

因為這樣的風氣，男性長官在推薦女性擔任重要職位時，會變得更加慎重。男性上司有意讓女性職員升職時，傾向先謹慎栽培女下屬再向上推薦，也會先做好失敗的覺悟，據我所知，如果推薦的人選是女性，幾乎不會有「總之先讓她試試看吧」的想法。這也成為女性不容易升遷的重要原因，也是阻礙女性晉用的「大叔之牆」之一。

我正式赴華盛頓工作是二〇〇一年十月一日。這件事大約半年前就確定了，沒想到赴任前一個月，發生了震撼全球的美國九一一恐怖攻擊。恐攻後，從東京飛往華盛頓的全日空直飛班機陸續被取消。後來，我在赴任前總算坐上重開航線的班機時，發現機內空無蕩蕩的。在華盛頓，我採訪了九一一後的阿富汗紛爭、二〇〇二年的美國期中選舉[1]、伊拉克戰爭、小布希再度選上美國總統的二〇〇四年總統大選等，都成為了我重要的人生經歷。

「佐藤已經完蛋了」

結束三年半的華盛頓特派員生活後，我回到東京，重新回歸政治部。成為在政治部負責外務省、執政黨和首相官邸的主任。我在二〇〇六年到二〇〇七年第一次安倍政權時負責首相官邸，當時政權十分混亂，閣僚接二連三辭職，每天都忙得不得了。身體雖然不太好，但也沒時間休息。

我心想，「這樣的生活結束後，就能回到政治部的編輯台了吧。編輯台要輪班，比起從早到晚待在首相官邸現場，也許會輕鬆一些」，但事實證明，我實在

1 編按：美國期中選舉，定期每四年舉行，日期坐落在總統任期中間。美國國會大部分成員皆會在期中選舉中改選。

太過天真。大約一年的首相官邸主任生活結束後，二〇〇七年十月一日，我正式被轉調為川崎支局長，是我想都沒想過的人事異動。

不是說川崎不好，但首相官邸主任調到地方支局，當時在政治部是一項破天荒的人事異動。政治部這個部門還是有其特殊之處，由於政治記者的工作性質，必須日日不懈地經營人脈。作為政治記者，被調到地方支局，確實在各種層面上都稍嫌不利。然而我告訴自己，調到地方支局有助於我開闊視野，雖然已經體驗過偏鄉和國外的生活，但畢竟每個地方都有其特別之處。然而，我想知道的是「為什麼」會被調到川崎？

我想最主要的理由是，當我以華盛頓特派員的身分回歸時，我因為心高氣傲得罪了許多人。某位前輩記者說：「繼續讓妳留在政治部的話，就不得不讓女性成為副部長了」。當時尚未誕生女性的政治部主管，其他報社也極其少見，我甚至都聽到別人說「佐藤已經完蛋了」。擔任川崎支局長的兩年間，我學到很多，也很開心。我以下的說法，如果會讓誰覺得不愉快，在此先摯上歉意，然而會發生特例的人事異動，我想應該還是因為我是一名女性。

安倍政權第一次執政期間，在我擔任首相官邸主任的尾聲，完全沒想到安倍首相會因病辭職。安倍首相表明辭意是二〇〇七年九月十二日，那時為了下個月的川崎支局長工作，我到靜岡縣的伊豆上研修課程。

我依舊是首相官邸主任，卻在伊豆研修中心的電視上看著首相辭職的新聞，真是五味雜陳。我急忙和上司說「我們回東京吧」，上司卻說沒有回去的必要。明明我早就準備好安倍政權年表等一部分的稿子，但當有人打電話來逼問「安倍都要辭職了，稿子到底弄得怎麼樣了？」時，我覺得自己根本是莫名其妙被遷怒，實在有夠倒楣，我永遠忘不了當時的懊惱。

不會逃走的女人

因為上述的經驗，讓我不再期待公司的人事異動。關於政治部長這個職位，也聽到公司外部對我有所期待的聲音，雖然很感謝，但內心認為可能性幾乎為零。

正式被選為政治部長時，雖然有自己的工作能力被肯定的欣喜，卻沒有更多的想法。就算被稱作「全國大報第一位女性政治部長」，演講時也被用這個頭銜介紹，甚至在自我介紹時也會用這個頭銜，可能很多人認為我對於跨越了「大叔之牆」感到雀躍，但，不是這樣的。「大叔之牆」不是拿來跨越，而是要奮力破壞。僅憑我當上政治部長這件事，高牆可沒那麼容易崩壞。

之所以被選為政治部長，我的理解是，報社希望能在數位時代活下去，是時代所導致的改革。只是，光憑這點，無法成為下個世代女性們的參考吧。如果要我選出自己在工作上最大的優點，我想是從前其他部門的上司曾對我說過，「因為妳不會隨便逃走」，聽到這句話後我非常開心，因為有人欣賞我的工作態度。「不會輕易放棄」、「如果有困難，找出其他的替代方法」，我在工作時非常看重這樣的態度。

我們這個世代的新聞記者，本來就是被上司教育，「不可以說做不到」、「不要喪志」栽培出來的，要我們用像是運動漫畫裡一定要打贏決賽的氣勢，來面對各式挑戰。報社記者如果做不到被要求的工作，誰能代替自己呢？根本不會有人吧？我們心中懷有如此強烈的自負。

加上我又是女性，如果在工作上逃跑過一次，就無法再度獲得信任。男人的話，會有人跟他說「真沒辦法」、「那下次要好好幹喔」，但是女性馬上就會被說「她居然逃走了」、「根本沒把工作做好」，諸如此類的流言還會馬上傳開，絕對不會出現寬容地鼓勵，「下次要好好做喔」的狀況。因此，在雙重意義下，我並沒有在工作上「逃走」的選項。我想同世代的職業婦女，大概都能感同深受吧。

回到前面的話題，若是硬要舉出我被選為政治部長的理由，就是「不會逃避的女人」吧，我自己是這麼想的。

下個世代的職業婦女沒必要用這種過度勉強自己的方式工作。為了不傷害身體健康，又要兼顧家庭，視情況巧妙地逃開，有時後反而比較好。但是，工作時「如果有困難，找出其他的替代方法」的態度，我想適用於任何時代、任何職場。

多方拜會政治人物

就任政治部長後，當我作為部長和公司外部的人來往時，實際上不太會感覺到「大叔之牆」的存在。但另一方面，跟公司內部有關的事情，卻經常讓人感受到「大叔之牆」。媒體，特別是報社，依然是強而有力的男性優勢社會。

這裡我想先從和公司外部的關係開始講。

政治部長的首要工作，就是從多方拜會開始。我想不管很多業界都一樣。原本就認識的政治人物和官員當然得去打招呼，但即使要去致意，我那時很迷惘，是否連沒見過的人都要特地前去打招呼。在人脈就是一切的永田町和霞之關，拜會是極為重要的事，很多人直到後來還會被政治人物怨恨，「當初那傢伙沒親自來跟我打招呼」。和資深自民黨黨工討論後，對方建議：「至少要和全部的自民黨幹部會會員打招呼比較好。即使沒見過面，政治人物不會討厭特地前來拜會的人啊。妳絕對不會被拒絕，所以能做多少就做多少吧！」後來，事情正如他所說。

自民黨內，從當時的黨本部幹事會的二階俊博幹事長開始，我和許多重要的政治人物們打了一輪招呼。我不記得和二階談了什麼，應該單純只是閒聊，最後拿了很多自民黨的檔案夾，就結束了拜會。後來，也去拜會了在野黨的政治人物和各省廳的幹部，大概花了一個月，向將近五十人致意。

在那之前，我也曾在人事異動時向各處拜會，但身為政治部長，感覺和之前稍微有些不同。只要我這邊不主動說：「那麼時間差不多了……」準備告辭，政治人物反而都會很積極地跟我說話，甚至常常需要花一小時的時間來拜會。

從第二次安倍政權開始，因為「安倍獨強」的狀態持續了許久，每個人都害怕「講錯話惹禍上身」，大家表面上不說，但對長期政權的不滿暗地發酵著。

因為是多方拜會的行程，談話的內容不會被公開報導，也就是所謂的「不列入記錄」。政治人物們的談話內容，涉及了內政與外交，他們看起來想將自己所思考的疑問和見解，向報社的新政治部長一一說明。這種心情和對方是不是女性部長完全無關。即使看起來是典型的「大叔」的政治人物，在身為政治人物拼命投入工作時，想把工作好好完成的想法，就能夠跨越性別的隔閡。我長期和政治人物來往，這是我的實際感受。

二〇一七年二月，將原價九億元的國有地，以一．三四億賤價出售給學校法人「森友學園」的消息曝光後，在眾院預算委員會上，安倍晉三首相答辯，「我在此清楚表明，如果此事與我或我妻子有關，我必定會辭去總理大臣與國會議員的工作」，那段時期，日本政治界籠罩在森友學園案的疑雲之中。開始調查後才知道，事態嚴重，而且因為安倍首相的答辯，為了讓國會在被質詢時能和他的說法對的上，從二月下旬到四月，財務省出手纂改了公文。

從二〇一七年的二月到隔年三月，經過了一年以上的時間，在國會的審議上，財務省以被纂改的文件為基礎，進行了虛假的說明。而被迫纂改文件的近畿財務局職員赤木俊夫，在二〇一八年三月七日因無法承受竄改文件的壓力自殺了。

現在回想起來，我擔任政治部長時，正好是財務省進行文件篡改作業的時期。身為政治記者無法看透這件事，也只能反省。公文文件篡改問題，在之後的自民黨總裁選舉和眾議院選舉時也不斷被提起。而赤木的遺孀雅子女士，為了透過司法審判查明丈夫死亡的真相，也提起了國賠訴訟。但在二〇二一年十二月，國家以全面答應雅子女士的請求，採用所謂「認諾[2]」手續，裁決就此結束。然而，我認為，無論如何都必須查明森友案的真相。

安倍政權的高牆

在我眾多的採訪對象中，有一位曾明確表示為我當上政治部長而感到開心，讓我十分很意外。他是第二次安倍政權時擔任首相政務秘書官、經濟產業省出身的今井尚哉。安倍政權被稱為「經產省內閣」，就是因為今井等經產省出身的「官邸官員」擁有極大勢力。時間再往前回溯，二〇〇六到二〇〇七年第一次安倍政權時，今井身為首相秘書官，負責公關，當時我擔任首相官邸主任，他似乎從那時就記住了我。

不知道是不是因為那樣的關係，很幸運地，我早早就敲定了與安倍首相的一

在二〇〇六年第一次安倍政權擔任官邸主任的筆者，於首相官邸的懇親會上看著安倍首相致辭。

對一採訪，時間是二〇一七年七月三日傍晚。前一天，在東京都議會的選舉上，自民黨嚐到了歷史性的慘敗，受訪方和採訪方壓根都沒想過會發生這種事。

事前對方要求我們提出訪綱，當時的首相官邸主任和首相秘書官討論了很多次，結論是，一定會問「森友學園」相關問題，也決定詢問修憲和外交相關問題。

基本上我都照著事先設定好的流程來採訪，但我認為當然不能完完全全照訪綱進行。因此我開始詢問更多和森友學園有關的問題，那時，安倍首相瞪著我，一臉「這跟說好的不一樣吧」的表情。後來聽說首相官邸內部自我檢討，認為「那

2　譯注：「認諾」，法律上指的是被告方接受原告方所有要求。在赤木雅子提起對日本國家當局和對財部省高層的控告案件中，國家當局決定採用接受要求的「認諾」（承認）手段，赤木雅子女士對不追究真相的「認諾」表示不滿。

場採訪非常失敗」。

但我也沒有因為這場採訪受到稱讚，和某位活躍在電視上的政論名嘴閒聊時，他表示，「刊登安倍首相的採訪，這件事本身就很微妙」。那段時期，民眾對安倍首相的不信任膨脹到極點。

當時身為政治部長，我也寫了很多篇政論解說的文章，據說其中一篇惹火了安倍首相，這件事是霞之關的某位官員告訴我的。我不確定這個消息的真實性，也不確定是哪篇文章，不過當我想和「官邸官員」接觸時，卻經常被排除在外。

安倍政權的作風，是優待一部分媒體，排除不中意的媒體。所以跟政治人物或官員的懇談會就變得非常無聊。因為政治人物、官員或記者全都小心翼翼，擔心會不會被「打小報告」。

我身為政治部長的那段期間，在對外的工作上，比起「大叔之牆」，更多時候是在與「安倍政權之牆」搏鬥，那兩年，我最大的苦惱是怎麼拿捏和執政當局之間的距離。

訓練自己在眾人面前說話

從小型讀書會到大型演講活動，政治部長被要求頻繁地公開談論政治。從北海道到九州，我平均一、兩個月就會有演講的機會。

很多報社記者喜歡寫作，卻不擅長在眾人面前說話。雖然也有報社出身，後來在電視台活躍的人，然而我問了他們之後才發現，很多人從前不太會講話，現在的好口才都是努力練習的結果。和電視台記者、主播不一樣，報社記者從未上過口語表達之類的課程，不太會講話也是理所當然。

我的話還有一個原因，因為我成長在女性一在眾人面前說話，就會被批評「太出風頭」、「破壞氣氛」的環境下，從那樣的情況，突然轉變成必須在很多人面前說出自己的意見，實在很難適應。然而，如果沒辦法轉換自如，是不是又會被批評「果然不能指望女人」呢？

從「要求女人別說話」，到「說說看自己的意見吧」，甚至演變成「女人果然還是不行啊」，我認為這跟霸凌沒什麼兩樣，但對在外工作的女性來說，這種狀況卻不稀奇。雖然我現在還是不太會演講，不過已經漸漸習慣，總算能好好的表達自己的想法。

一邊思考對方感興趣的內容，一邊將自己的想法的重點表達清楚，讓聽眾不會感到厭倦地一直聽下去，其實不只是演講，在公司的會議上也必須具備這樣的能力。

不論男性或女性，都有擅長表達個人想法的人，也有說話時讓人感到不耐的人，這是說話習慣和缺乏訓練的問題。但是，如果在女性表達的不順利時，只丟下一句「女人還是不行嘛」就棄之不顧，那真的非常糟糕。身為管理階層，必須考量到至今為止，日本社會讓女性在眾人面前發言的機會並不多，接下來，要更積極地給予女性發言的機會，如果公司的管理階層可以朝這個方向來思考，那才有機會改變。

在探討晉用女性的議題前，必須了解，若是能在這類看似微不足道的事情上做出改變，或許也會成為讓更多女性投入就業市場的契機。

男人們強而有力的連結

前面寫到，和公司外部的合作對象接觸時，不太會感受到「大叔之牆」，但另一方面，在公司裡，卻經常出現讓我感受到「大叔之牆」的狀況。因為現在還沒有要辭職，所以公司裡的事，不能寫得太具體，可是簡單來說，我覺得公司裡有些人對我「很沒禮貌、很傲慢」，我認為這是因為他們對我很有戒心。

譬如，我認為有的題目並不屬於政治部負責的範圍，只因為內容跟政治人物扯上一點關係，就在我的部門極為忙碌時，跑來拜託我們負責。

當時我直接出聲詢問：「這個主題，我覺得比較適合放在社會版或生活醫療版，非得讓政治部負責嗎？」聽到我這麼一說，對方立刻對著我發火，「你要拒絕是嗎？真不敢相信，那就算了！」

我試圖緩頰，「不，我不是要拒絕，我只是想跟你討論而已……」但對方完全不願意聽。結果，那個工作由其他部門接下。

發言時很容易被抓小辮子，工作表現也時常被拿來跟其他公司比較，只要表現的不那麼完美，就會被說閒話，這些壞話甚至也會傳回我耳裡。如果是男部長，恐怕發生這種事的機會就很少。男人的話，就算只是一點小失敗，周圍的人馬上就會安慰他「別在意啦」。男人們的團結很穩固，就算彼此之間有什麼不滿，也不會隨便傳出去。

然而，當女性犯錯時，她的失敗就會變成一個笑話，甚至傳到千里之外。可能有人會說我有被害妄想症，但我曾覺得公司裡的許多男同事都在期待我失敗。

男人們強而有力的連結，也產生了讓男性更好做事的效果。例如一旦發生糟糕的狀況，為了推卸責任，男職員們會煞有其事地把責任推給某個女職員，周圍的人和上司都會一股腦地接受這種說法。因為通常女職員都不屬於對話圈，所以女人說的話不會被聽到，只有對男人有利的情報會傳出去，變成事實。常常發生當謠言傳到女職員的耳裡時，她驚訝地表示，「為什麼我會被說成這樣？我沒說過也沒做過那種事。」

我有過好多次上述的經驗。我的處理方式是，在緊急狀況下，一定得讓能客觀的第三者加入。後續大家七嘴八舌討論時，那個人就能變成重要的證人。希望管理高層，不光只聽信男職員的說法，也能積極地傾聽女職員說的話。希望日本社會能夠改變。

我發現，即使是看起來毫無道理的要求，男人們也常睜一隻眼閉一隻眼就接受。是為了維持男性強大連結的代價嗎？在沉默中，自然就形成了這種互相幫忙的關係。在職員多數是男性的狀況下，女性可能不熟悉這樣的做法，不管如何就是容易產生摩擦。反過來說，我想，積極推動晉用女性，也是因為這樣的惡習必須被打破。

每日新聞包含我在內有五位女性部長，對我來說真是一大救贖。如果只有我一個人，一定會被迫處在更艱難的立場，也必須承受更多的痛苦。

當然，即使都是男人，每個人的差異也很大，更有所謂的世代差異。

某位男性上司說過：「自己在性別議題上，總是沒辦法擺脫陳舊的思考方式。雖然自以為已經夠努力了，可是每次聽到新的觀念時，還是認為自己學的不夠多。」這種人即使是「大叔」，也可以信任。

女性政治部長座談會的反應

在職權騷擾那章也提過，二〇一七年十二月，Yahoo! 新聞特集編輯部企劃了每日新聞、日本電視台、富士電視台三位女性部長的聯合座談會，事實上，會後我得到了許多反響和回饋。

女性的反應可以分成兩種，一種是善意的，像我在公司洗手間洗手時，有一位沒見過面的年輕記者向我搭話，她說：「本來有點消沉的我，讀了座談會的報導後，又恢復了元氣」，聽到她這麼說，我真的覺得很開心。

另外一種反應則是感到不滿，某個媒體的資深女記者似乎很不悅地表示，「舉辦這種特別強調女性、講太多女性什麼的座談會不太好吧」。那大概和我心中長年對被稱為「首位女性」的不適感是一樣的吧。我也希望這個社會能更加普通地對待女性，更希望能打造讓女性自由自在工作的社會，所以我也可以理解她反應。

雖然說出口前就做好了心理準備，不過我在座談會說的最後一段話，似乎刺激到很多人。針對「你認為在公司裡自己扮演了什麼樣的角色呢？」這個問題，我的回應如下：

「我沒什麼出人頭地的慾望，什麼時候被裁員都沒關係，我不讀空氣，也不揣測上意，我認為這就是我的武器。不管是和政治人物相處時，或是在公司裡都一樣，雖然遇到了很多阻礙，但並不影響我想進行改革的想法。也許很多人認為『你這個女人就是不懂』，然而我會利用這一點，將障礙通通移除，把該做的事做好。」

某位熟識的男記者讀了這篇座談會的報導後，傳了一則很有趣的訊息給我。我取得了當事人的同意，在這裡引用了一部分的精華。

「首先，我很驚訝女性部長竟然多到可以成立座談會了！接著我感嘆的是照片美麗的程度媲美時尚雜誌，佐藤女士一貫堅毅的態度讓我十分安心，最後那段話聽來像帥氣的搖滾樂！包括我在內，愚蠢的男人們只能靠著討人喜歡向前走了吧！希望各位能開創日本的新道路！」

日本社會要繼續向前邁進，也許要轉變為「男人要可愛，女人要有膽量」[3]了。

我可以理解男性為了在公司生存下去，如何一再忍耐，把那些無法忍受的事通通往肚子裡吞。也許男性因為必須養家活口，所以不得不這麼做。一直以來，男性們必須忍耐上司不合理的要求，長時間的工作，還被賦予必須養老婆的義務，日本的社會結構，森嚴而不可動搖，也是一堵非常厚重的高牆。

我想成為什麼樣的上司呢？

對政治部的職員們來說，我是什麼樣的部長呢？

剛上任時，對於自己要當什麼樣的部長，我思考了許久。首先從我的立場出

3 譯注：日本的慣用語是「男人要有膽量，女人要可愛（男は度胸、女は愛嬌）」，這裡逆轉了傳統的男女性別偏見，改成「男人要可愛，女人要有膽量」。

發的話，我想當「playing manager」，簡單來說，就是選手兼教練。

政治部的職員們，一開始可能也對我這個「第一位女性部長」感到困惑。身為管理階層，如果什麼事都不做，只會下指令，很容易被下屬認為「太過自以為是」，也容易導致底下的人為了拿到好處，只顧著對你阿諛奉承。我希望自己不要變成那樣。所以我要求自己也要好好採訪，和其他人分享情報，讓他們看見我認真工作的樣子，也要用心去理解下屬的工作狀況，並好好溝通，當時的我是這麼想的。

另一方面，身為部長，我早就做好會被討厭的覺悟，既然都會被討厭，那就像歐巴桑一樣囉嗦吧。其實我本來並不想當一個囉嗦的部長，一開始我認為作為部長，只要先把大方向提出來，後續交給副部長或主任來處理就行了。

和某報社部長聊天時，他也說：「我們這邊是副部長全部做好，所以當部長很輕鬆喔」，不知道是真的還是誇飾。

然而，別間報社的部長曾脫口說出：「我的上司每天都對版面有很多意見，我常常在內容發布後的隔天被叫出去警告。至少在前一天說嘛，到了隔天還被說要改這改那的，真的很困擾」。各家報社的做法不同，也會因為當時編輯局的組成陣容，改變做法。

我意識到自己內在囉嗦歐巴桑的存在，並不是因為不信任編輯台，是因為我希望「好好鍛鍊政治部組織的核心。」

反正女性部長八成會被討厭，那就好辦。我也有隔天才被長官說版面有問題，覺得很煩的經驗，所以如果我當天就發現的話，會盡可能當天就跟下屬說。

當時，幾乎每天晚上都有和政治人物或官員的應酬餐會。結束後回到公司已經將近十點。第二天早報的打樣已經印好了，我就會邊看邊檢查，兩年來幾乎每天都持續一樣的流程。

這並不是多麼特別的生活，大報社的新聞部長，據我所知，大家都差不多是這樣。

現在回想起來，我應該要採取更溫和一點的說法，來指出他人的錯誤。不過過了兩年之後，我還是一個勁地想著，要讓這個組織變得更強大。

身為政治部長留下來的工作成果

在我擔任政治部長的兩年內，以森友學園爭議為首，我經歷了二〇一七年夏季東京都議會選舉、二〇一七年秋季眾院選舉、二〇一八年秋季自民黨總裁選舉，二〇一八年年號從平成改成了令和。在安倍政權長期執政的情況下，到了後期，不僅人民對執政者的信賴感大為降低，和媒體的關係也有些緊張。我在其中的糾葛中艱苦奮鬥，先不說細節，我身為曾經的政治部長，可以說留下了兩個工作成果。

第一個是在每日新聞數位網，成立了名為「政治 premium」的政治專門網站，發想者是別人，我是以部長的身分協助了初期的營運。

其實當時公司並沒有想多花力氣做這種專門領域型的網站，但在架設網站的過程中得到了許多人的協助，現在也成為了人氣網站。

另一個則是在每日新聞的內政版裡，開始了「藏書拜見」的連載企劃，企劃內容是邀請政治人物，聊聊印象深刻或是最近在讀的、覺得有意思的書，並請他們在每個月的第三和第四個星期二介紹兩本書。

朝日新聞的早野透從前也做過「政治人物的書架」的訪談企劃，最後也出了書。我一直想進行這種很有政治人物味道的企劃，終於得以實現。剛開始時，被同事說：「介紹書籍這種事，很有記者等知識分子的味道，但政治人物的話，應該介紹他們拿手的歌曲比較有趣。應該做『政治人物和歌曲』這種主題的連載企劃。」

確實，比起書本，政治人物和歌曲的連結度更高。不論是在KTV或宴會上唱了什麼歌，都能體現政治人物的人生經歷和個性。但是，比起介紹書籍內容，要描寫投影在歌曲裡的人生，更加考驗記者的寫作功力，也會衍伸出許多問題，所以『政治人物和歌曲』的企劃最終沒能實現。我誠摯的希望以後有人能挑戰看看，我真的很想讀。

菅義偉在二〇二〇年九月就任首相時表示，他最愛的書籍之一是美國前國務長官柯林鮑爾的訪談《如何成為一個領導者》，掀起了話題，那也成為我推動企劃的契機。我曾拜託過菅義偉，在他還是官房長官時，我問他「願不願意接受訪問呢」，他很爽快地答應了。

「藏書拜見」的企劃從二〇一八年四月開始，首次刊登了河野太郎外相介紹的書籍《源泉》[4]，到二〇二〇年三月結束，這兩年內，總共訪問了十九位政治人物，提到了三十八本書。專欄在我結束政治部長的工作，轉調到大阪時就劃下

4 編按：是一本由美國哲學家、小說家艾茵・蘭德撰寫的哲學小說。

了句點，我聽到時覺得很可惜。也曾跟認識的人討論能不能出書，卻得到了冷淡的回應，「政治人物不是人們尊敬的對象，出書應該也不會賣吧？」

五位女性部長的後來

在人事異動的送別會上，總是能聽到他人對自己的意外評價。二〇一九年四月底，我結束兩年左右的政治部長生涯，在歡送眾多職員到地方支局或其他部署的同時，自己也是被送別的身份，那時的我即將調去大阪本社當編集局次長。

在送別會上，除了被歡送的當事人的致詞，關係好的記者也會代表歡送方致詞。在那種場合，很多時候，大家才知道原來這個人也有這樣的一面，或是原來發生過那樣的麻煩事。我們在公司附近的居酒屋開了送別會，主角雖然不是我，不過對於致詞時別人會怎麼形容我這個政治部長，我倒是很感興趣。

然而，隨著時間越來越晚，司儀好像忘記關於我的致詞發表一樣，眼看送別會就要結束，本來要代表致詞的記者也因為工作沒到，這時代理記者突然出來致詞了。然而他卻說：「佐藤女士，您身為女性部長真的很努力了！」。我聽到附近的記者笑著說：「好奇妙的致詞內容喔。」

頓時，我內心湧上了強烈的無力感。兩年，這麼辛苦的工作，最後的評價居然就只有這樣？被肯定的只有作為女性，已經盡力了這一點，這簡直比政治人物還慘。我這才意識到，在媒體中的大叔之牆有多厚，而且還是出自後輩男記者的發言。後來有其他記者來跟我說：「那時候我也應該發表致詞，好好向部長致意才對」，那是我僅存的救贖。在居酒屋坐在我隔壁的前輩山田卻開玩笑地說，「你身為部長，能讓政治部的氣氛如此愉快，就已經夠了吧，不要介意那麼小的事啦！」

但是，在送別會致意時，沒人會說「身為男部長真的很努力了」，也不會說「身為年輕部長真的很努力了」或是「身為外信部出身的政治部長真的很努力了」吧。就算這麼想，講出來也很失禮。可是，只有對「身為女性部長」的我，說出這樣的話不會感到失禮，也就是說，對女性的偏見還是深深地刻在人們心中。

撤除歡送會，在我即將卸任前，其他部門的後輩男記者走在公司走廊時，他從很遠的地方叫住我，特地來跟我說：「謝謝您打造了讓我想閱讀的國內政治版」讓我非常開心。因為國內政治版，無倫如何都會以永田町的政治人物為中心，這部分雖然重要，但用不同角度切入，創造新穎的內容，像是前面說到的「藏書拜見」等，就是他認為的「讓人想讀的國內政治版」的內容之一。僅僅兩三分鐘的對話，但這一句話，讓我覺得兩年來的辛苦都是值得的。

《每日新聞》的五位女性部長，後來怎麼了呢？兩年內，我們紮實地做好份內的工作，各自昇格，就任後續的職位。然而，下一個世代並沒有出現更多的女性部長，即使到了二〇二二年三月，東京本社的編輯局也只有兩位女性部長。

或許更多適合擔任部長一職的女性尚未出現，這也跟公司內部並未積極地培育女性管理階層，日本社會還沒辦法讓女性得以兼顧工作和家庭，讓女性充分發揮所長的環境制度尚未出現有關。

結束政治部長的工作後，我被調到大阪本社，當了一年大阪編輯局次長以後，又回到東京，擔任社論副委員長，二〇二一年春天開始，我在東京本社編輯局擔任總務的工作。「總務」這個頭銜似乎很讓人困惑，在交換名片時，我常看見對方露出不可思議的表情，也經常被問到「公司要制定疫情對策很麻煩吧」。但其實「總務」並不是所謂總務部之類的工作，是在編輯局和相同地位的局長、次長們一起輪流決定版面內容的工作。

二〇二一年秋天，菅義偉首相放棄出馬角逐自民黨總裁，表明他想引退的決心，岸田文雄被選為自民黨新總裁，接著成為新任首相，舉行眾院選舉。我作為東京本社編輯局總務，也做了相關的政治取材和內容報導。當時的事，請見第四章。

和兩位女性論說委員的相遇

把時間線往前推，我在這裡想說說成為政治部長前，我擔任論說委員的四年間發生的事。那時和兩位女性論說委員的相遇，對於我思考女性工作的議題上，有很大的幫助。

負責科學領域的論說委員青野由利女士，是後來得到日本記者俱樂部獎的科學報導者。負責經濟領域的論說委員福田容子女士，不僅當過倫敦特派員，也常上電視，後來甚至提早退休，成為了一名僧侶，並作為每日新聞客座編輯委員繼續活躍。

在公司裡，如果女性職員的比例超過三成，公司文化就會改變，這就是所謂「黃金的三成」或「臨界量」（critial mass）理論。意思是只要有三成，就算女性依舊是少數，也可以無視周圍男性帶來的壓迫感，自由地發言，女性的見解也會開始影響組織。如果依照這個理論，論說室一共有二十到二十五人左右，至少需要六到八位女性，才能實現。雖然女性的數量遠遠不到這個數字，但兩位女性論說委員對於我能作為第三人加入，感到非常開心。

青野女士和福本女士的共同點，就是她們身為資深記者，累積了豐富的經驗和實力，兩位都有在國外留學和擔任特派員的經驗，見多識廣，不會過度附和男性社會，是非分明。

長期在政治部擔任記者的我，身邊一直都只有大叔，她們的存在對我來說很新鮮。到那時為止，我傾向讓自己和男性社會同步，但又沒辦法真的同步，一旦和人發生摩擦，也常常在背地裡被說，「都是因為妳不乖乖聽話」。這種事一再發生，就失去了認為自己並沒有做錯的自信了。在那種時候，青野女士和福本女士不單只會安慰我，也能客觀地告訴我「妳沒做錯」。我後來認知到，對女性而言，在工作上獲得導師般的指導很重要，對我來說，她們就像是我的導師一樣。

女性政策也曾是社論的主題，那時出現了許多不同的意見，很有意思。二〇一五年左右，對女性政策很感興趣的福本女士，經常被指定執筆社論，但在社論執筆的討論上，她率先主張政治等領域應該增加女性人數，還必須導入有強制力的制度，其他男記者大都反對。關於導入候選人或議會需保障一定女性席次的「配額制」，討論時反對此主張的人較多，我那時也是持反對意見。

反對的理由像是「只是一味增加女性人數，有可能會讓能力還不夠的女性勉強上位，這樣對女性而言也不是好事，還可能會影響到推動女性就業的一切努力。」我一開始也是這麼想，但過了好幾年，情況完全沒變，我發現大家老是在同樣的邏輯下討論。這麼一來，就不再是邏輯問題，只是為了逃避付出實際行動而編造的藉口。

我也開始思考，我一直很討厭「第一位女性〇〇」的稱號，只是不想被他人貼標籤，完全沒有把眼光放在下個世代。我逐漸認為，應該要接受「第一個女性〇〇」的稱號，並奮力迎接所有的挑戰，為了積極創造能夠讓下個世代的女性安心工作的環境。就算過程很艱難，也沒辦法，只能接受。若是沒有做出改變，只是強迫自己和男性優勢的社會同化，再把相同的社會交棒給接下來的世代，這樣的做法實在太任性，也太不負責任了。

媒體的女性管理階層

前面也提過，媒體，尤其是報社，是典型的男性社會。雖然增加女性職員的重要性持續被呼籲，但腳步太慢。正因為如此，每日新聞出現了五位女性部長才會成為週刊的題材，只是後來，五位女部長的盛況也沒辦法持續下去。

二〇二〇年報社、通信社的記者中，女性占比為二二・二%，但報社、通信社的管理階層，女性只占八%。民間電視台管理階層的女性比例是十五・〇%，NHK的管理職中女性占十・一%。

若是作為社會高層的女性增加，組織就會改變。在媒體產業中，女性管理職的增加，當然也會讓組織改變，若是高階主管以外的女性增加，不光是組織的改變，因為是媒體，也會改變對社會的影響力。

媒體報導中充斥著所謂的「男性凝視」，也經常受到批評。此外，像「女高中生」、「女大學生」、「女老師」、「女記者」等用詞，也得特別注意，在報導中必須最小限度地使用這些詞，要慎重的判斷是不是非得用在標題上，這是作為一個記者該有的素養。但即使如此，有些稿子明明沒必要，卻在文章裡不斷出現「女〇〇」，明明一開始有提到就夠了，直到現在，我在審稿時，還是會慌張地把

「女〇〇」的用法刪掉。然而，某些男記者筆下依舊經常出現這樣的用法，在我看來，比起年齡差異，主要是個人差異的影響比較大。年長的記者如果是比較有自覺的人就會小心，年輕記者裡也有不太在意的人。

為什麼我們必須這麼慎重地對待這些和「女性」有關的字眼呢？因為不想在報導中給人「因為是女性所以失敗」、「因為是女性所以搞砸這種事」等偏見。媒體很容易在非關性別的問題上，加上性別偏見。也因為會上新聞的，負面消息較多，所以必須更注意。

不只是女性，面對身心障礙者，社會弱勢、少數族群時，在用詞方面也要格外謹慎。媒體端正在學習，也正在改變，但仍然有許多地方做得不夠好。

女記者的增加，可以防止傳達的情報內容太過偏頗，也可以擴大處理主題的廣度。女性管理階層增加，一般男性主管認為不值得做、不會通過的企劃，當主管換成女性時，或許就有機會通過，應該也有這種事吧。

說到和權力的關係，可能有人會說，難道女記者就不會揣摩上意嗎？這倒也不是。男女都一樣，也有不論好壞，和政治人物或官員都能一起喝酒應酬的人。這不是性別的問題，是個人差異。

以下的例子，和媒體中的「男性凝視」也有關係，二〇二一年三月，朝日電視台《報導 station》的網路廣告受到了批評。廣告裡，年輕女孩說出「政治人物一高舉『性別平等』等宣傳口號時，我就心想這什麼啊，好過時的感覺」，接著畫面上就出現「來看報導 station 吧」的標語。這個廣告播出後馬上受到各方的批評，立刻撤掉了。

對此，節目方在推特上道歉，「我們製作這個廣告是希望不分年齡，讓所有人都有親近感。由於日本被指責在全世界之中性別平權的意識非常落伍，所以我們想要超越討論，進入實踐的時代，也希望能藉由廣告傳達我們的想法，然而成品卻並不能好好地傳達我們的初衷，對此深感抱歉」。

老實說，我不太懂什麼叫「超越討論進入實踐時代」，就因為沒辦法實踐，所以才要討論不是嗎？上述的說法聽起來像已經討論得很徹底，但明明問題根本還沒解決啊？他們以為年輕女性會認為「討論性別一點都不酷」、「談論政治很遜」，但這都只是迎合社會的想法而已。

家有小孩的女記者

女性不和大叔社會同化、拚命工作，就無法被認可的時代，已漸漸成為過去式。即使如此，女性在「生活上的困難」也還沒完全消失，依舊存在著許多障礙。特別是一邊養孩子一邊工作的女性，辛苦的程度超乎想像。關於這件事，單身又沒有生育經驗的我，不能提供最實際的經驗和想法，所以我請有孩子的女記者匿名接受訪談，接下來會先從她們的故事開始分享。

我認識兩位分別隸屬於社會部和政治部，有育兒經驗的女記者，向我訴說她們最真切的煩惱，為了不讓其他支持育兒工作的記者心生不滿，她們希望能夠設立「補貼制度」。例如將所謂的「代班補貼」，發給替自己代班，在深夜或清早跑新聞的記者們。

她曾和某位男記者諮詢如何兼顧工作和育兒，對方曾在國外工作、經驗豐富又很理性，他說，「最後還是只能用錢解決吧。」這種話雖然不中聽，但事實就是如此。

我想其他業界也一樣，最近報社為了有育嬰需求的記者，增加了多元的工作選項。不再只有全日的全職工作，也有縮短工時的制度。

本來在法律上，就已經規範了必須讓育有不到三歲小孩的勞工，縮短工時的制度。〈育兒照護休業法〉第二十三條定有「養育未滿三歲孩童的勞工，原則上一天所定工時，必須設定為六小時的短工時制度。」育兒的勞工不論男女皆適用。

但是，這項制度並不完善。有些工作的性質，也很難導入短工時工作制度，事實上，只要勞方和資方約定好，就可以不採用短工時制度，如果是育有三歲到小學學齡前的孩童，只是必須努力達成短縮工時，並不具有強制性和義務。

六小時短工時制度，因不同企業而有不同方案。例如上午九點開始上班的話，中間午休一小時，就會是下午四點下班。

某位育有四歲小孩的女記者，在孩子滿一歲時，結束育嬰假回到職場工作。當時她也採用了短工時制度，但下午四點工作根本不可能做完，最快也要下午六點比較有可能，如果工作更晚才結束，她會先去托兒所接孩子，在自己家繼續進行電訪。合法托兒所的托兒時間到下午六點十五分，來不及時，可以利用到晚上八點十五分的「延長托兒」制度。二〇一九年十月開始，因為實施「幼兒教育和托育免費化」，若是下午六點十五分前去接小孩的話就是免費，但這位女記者因為利用了延長托兒制度，每個月大約要多負擔一萬日元。

就算是這樣，她也很煩惱，「免費的政策當然幫了大忙，也很感謝托兒所。但一想到孩子上小學就覺得很恐怖。要去找安親班，但公立的安親班都只能到傍晚六點半左右，一定得找私人安親班，要做好每個月都得花上三到五萬的覺悟。」

即使結束工作，平安無事到托兒所接小孩，回家後也很辛苦。因為她丈夫的工作不到深夜不會回來，回到家又只有她和小孩兩個人，要趕著做飯、餵小孩吃飯。忙到一半，可能又會突然有工作進來，如果是其他記者能代理的工作，那還可以拜託別人，但也不完全是那樣的工作。她實在沒辦法，只好讓小孩在一旁看卡通「哆啦A夢」，自己再度打開電腦工作。

心裡的不平衡可以用錢解決？

育兒的女記者一定會需要其他記者的幫忙和支援。順利的話還好，但也有發生摩擦的時候。這麼一來，女記者和支援的記者，雙方都會很有壓力。

報社記者必須在清晨和深夜跑新聞。尤其政治部、社會部、經濟部的記者們，日常生活就是清晨和深夜都得出勤。育兒的女記者之中，也有人拜託保姆照顧嬰幼兒，或是請父母親幫忙，因此能和其他記者一樣深夜清晨就出勤，但那是少數。

當然也會有其他記者必須代替育兒的女記者，去跑深夜和清晨新聞的狀況。女記者如果利用短工時制度的話，就會被減薪，因此有時候因為各種理由，女記者不一定會選擇短工時制度。

「為什麼只有我得在這裡等？」「為什麼我得代替別人，在寒冷的天氣下，站在深夜也還沒回家的採訪對象家門口癡癡等待？」「明明負責這個工作的是女記者A，為什麼變成我要受苦，這也太不公平了！」

另一方面，女記者A也會感受到壓力，雖然因人而異，但一般大概會有「真是不好意思」、「我也很辛苦」、「這是我的權利」等不同的想法。

這麼一來，也許會有人會說，多讓幾個人去負責不就好了？實際上，也有媒體採用這樣的編制，但還是極少數。因為和採訪對象的關係，即使安排多人負責，也不得不決定主要負責人和次要負責人，責任還是會落到主要負責人身上，況且本來就人手不足的話，自然不可能讓多人負責一個專案。

說到這裡，很可能有人會認為「為了創造讓女性能安心工作的環境，必須讓感到不公平、不滿的社員能夠理解育兒的辛苦，職員教育很重要，這本來就是管理階層的工作。」

可是，明明只要「有代班補貼之類的制度」、「可以用錢解決的話」，大家或多或少就會輕鬆一點，我想這也是合情合理。簡單來說，要兼顧育兒和工作，需要的不是精神喊話，而是像「代班補貼」的制度，也必須更精細地將制度整合。

但是，所謂的建立制度，恐怕不是那麼直接又簡單的事。並不是所有一邊育兒一邊工作的人都有相同的思維。雖然是他們的權利，但如果減薪的幅度增加，可能很多人無法接受。然而，我認為也只能跨越那樣的認知差異，創造系統化的制度了不是嗎？那就是管理階層不得不做的工作了。若是一邊養小孩一邊工作的人越來越多，光靠職場夥伴的體貼和相互幫忙也有限度，不可能永遠持續下去。

工作和家庭的兼顧，不只是女記者的煩惱。譬如說，夫妻都是記者，最近妻子工作比較忙，就由丈夫負責照顧孩子，這種男記者沒辦法在深夜和清晨去跑新聞的例子也不少。

不只是育兒，其實也有因為要照顧父母，工作受限，最後不得不離職的例子。

「細水長流」型和「輕鬆出入」型

在思考工作和生活的平衡時，報社記者除了得在清晨和深夜跑新聞，還有另一個重大的課題。必須配合淩晨一點早報截稿時間，就算責任記者能早早結束採訪，寫稿、整稿之後，現場的主任或是分社、地方分局的編輯台副部長，也要從晚上六點工作到深夜。不改變新聞報導的制度，是不可能改變這個工作時間帶。主任或編輯台副部長大多是三、四十歲的人，在報社裡，如果沒有擔任過上述的職位，很難有機會升到部長以上。

許多三、四十歲的記者都要養兒育女，很多男記者可以把小孩交給妻子，自己專心工作，能升到主任或編輯台的大部分都是這種人，女記者的話，多半被迫在育兒或升官中二選一。

某個女記者曾對我說過，「不論是在期望的部門細水長流的工作，還是輕鬆出入期望的部署，若是可以實現的話，兩種都很棒。」

她所說的「細水長流」，指的是在育兒時期，先利用短工時制度維持住工作，在期望的部門累積經驗；「輕鬆出入」指的是，育兒時期先轉調到其他部門，之後再回到原來想待的部門。硬要說想要哪個選項的話，那位女記者似乎是比較傾向後者。

另一方面，就算是「輕鬆出入」，育兒工作告一段落回到職場是還好，為了讓工作能夠順利，當事人會被要求表現出相應的實力和努力，周圍也要有願意守護且栽培她的覺悟。

老實說雖然很羨慕

就像我在當政治部長那段時期一樣，最近管理階層也被要求積極錄用女性。雖然女性休育嬰假或使用育兒短工時制度，是理所當然的權利，但在多數的狀況下，作為上司依舊會擔心她忙不忙得過來，讓人十分煩惱。

為了要跨越錄用育兒女性的「高牆」，不能只是錄用，也應該一起尋找最適合被錄用者的工作方法，最重要的是，身為管理階層，肩負著設立具體制度來打造更優質的環境的責任。因為這只有管理階層做得到，千萬不能用精神喊話來呼嚨。

以前當我還是年輕記者時，很多人都因結婚而離職，結婚本身並不影響，但考慮到婚後的生產和育兒，當時一般人無法想像要如何一邊養小孩一邊工作。在長時間的勞動下，因疲累不堪而結婚離職的女記者也不少。

然而，一九九二年開始實施〈育兒照護休業法〉，一九九五年起，這條法律便適用於所有的工作，邊工作邊育兒變得更普通。根據厚生勞動省的雇用均等基本調查，女性的育兒休假取得率在一九九九年為五十六・四％，二〇二〇年甚至高達八十一・六％。順帶一提，男性的育兒休假取得率在一九九九年為〇・四二％，就算到了二〇二〇年也停在十二・六％。

和我同世代的女記者，很多人依舊單身。不只是記者，其他的業界女性也是如此，至少在我認識的人之中，可以清楚分成單身繼續工作，或因為結婚生子而離職的家庭主婦等。和我同世代的女性，能一邊養育孩子，又還能在公司第一線持續活躍的確是少數。

和我們相比，最近結婚生子的年輕記者並不少見。老實說我很羨慕，但怨嘆自己的人生也沒辦法。同時，我衷心認為，能夠看見時代的進步真是太好了。一方面，我又覺得還是不夠，現在雖然能休育嬰假，但為了讓從育嬰假回來上班的職業婦女能順利地繼續工作，我也想盡我所能，為這個社會貢獻一份心力。

第四章
女性議員的高牆

女議員的數量竟然減少了

這一章想關注日本女性進入政治領域的問題，也就是所謂「女議員遭遇的高牆」。國會議員中女性的比例，在眾議院是九・七%，在參議院也不過是二十三・〇%（統計時間為二〇二一年十一月）。眾議院中女性九・七%的比例，和國際社會相比，是世界第一六四名。如果光看女議員的參政情況，日本無疑是「落後國家」。

二〇二一年十月，舉辦了睽違四年的眾議院選舉，女性眾議院議員的數目比前一次少了兩位，比例也跌落到一成以下。沒想到在這樣的時代，女議員的比例竟然減少了！當時雖然報導了這個衝擊性的事實，看起來日本社會並沒有產生太大的危機意識。大概是因為大家已經習慣日本是女性政治參與度極低的「落後國家」了吧。

思考「女性議員遭遇的高牆」時，在這裡先回顧大大影響政治生態的二〇二一年發生的事。

我無法忘記夏天疫情大爆發的「第五波」，醫療體制幾乎崩潰，在「自宅療養」的說法下，很多人無法住院，被放著不管然後死亡。

在疫情「第五波」的衝擊下，日本舉辦了東京奧運和帕運，東奧和疫情下的社會簡直就是「平行世界」。

順道一提，奧運大會提示出三個基本概念，其中重要的是「多元與諧調」，稱頌的價值是「不分人種、膚色、性別、性取向、語言、宗教、政治、障礙的有無，肯定一切差異，接受生之自然，互相肯定」。關於性別和宗教等，日本社會離共生社會還差得遠，我們正是透過奧運而痛切體會了這種現實，不過這個問題在此先跳過。

接著，到了秋天，迎來了「政治的季節」。

我接下來要說的一連串的政治動態，是我在每日新聞編輯編成局總務的位置上取材訪問而來的。

編輯編成局，相當於報社的心臟。主管是編輯局長，我負責擔任局總務，是在局長之下，和其他編輯局次長們一起負責每天版面構成的工作。局總務和局次長，大多是當過政治部、社會部、經濟部等部長的人。除了版面配置，大家各自都有負責領域，可作為各部的指導者，自己本身也會去採訪取材。我因為有擔任政治部長的經驗，所以負責政治和選舉方面。

自民黨總裁選舉的兩位女性候選人

二〇二一年秋天的日本政治圈發生了什麼事呢？

一開始因為「疫情下施政不力」飽受批判的菅義偉首相，因為看不見自己在自民黨總裁選舉獲勝的可能性，原本為了挽回局面設想的眾院解散之路也被封死，身為現任首相，他破例地決定不出馬競選連任總裁，簡單說來，就是被逼著退出了首相選舉。菅首相宣布退出是在九月三日，那時還是帕運開賽期間。

自民黨總裁選舉時，各有兩位男女政治人物表明出馬參選。女性候選人隔了十三年再度參選，上一次出馬參選自民黨總裁的女性是二〇〇八年的東京都知事小池百合子。而且這次還不只一位女性候選人，也是總裁選舉史上第一次有兩位女性候選人，所以一下子成為了話題。當時，代理自民黨幹事長的野田聖子和前總務相高市早苗，前政調會長岸田文雄，以及曾經是規制改革擔當相的河野太郎，一共有四位競選人，進行了激烈的選戰。第一次投票中，沒有任何候選人得到過半數的選票，所以由岸田文雄與河野太郎進行了決勝投票，岸田被選為新總裁，就任首相。

第一回投票時，河野太郎雖然得到最多黨員票，但國會議員票比不上高市早苗，降到第三名。河野太郎非常受到國民歡迎，被稱為「永田町的異端」，他的慘敗，以及受到安倍晉三支持的高市早苗的奮鬥，讓這次的總裁選舉精采絕倫。

「讓我出馬吧」

自民黨總裁選舉管理委員會在二〇二一年八月二十六日決定了選舉的流程——「九月十七日發公告，九月二十九日投開票」，同時也吹響了競爭的號角。那一天岸田文雄開了記者會，表明出馬參加總裁選舉。從這天開始，我得到了上電視發表政論的機會，經常上TBS中午的節目「中午時間！」。

九月二日的節目，標題是「岸田文雄議員、高市早苗議員出場！訪問總裁選戰的『關鍵人物』」，岸田文雄和高氏早苗在節目中分別出場，和其他人進行談話，我也參加了那一天的節目。

高氏早苗出場時，討論了很多女性相關問題，在此分享給讀者。

高氏早苗在二〇二一年九月號《文藝春秋》上投稿「總裁選舉參戰！」，正式的參選記者會定在九月八日，不過這個時間點上，她已經確定了出面參選的想法。就像她本人說的一樣，她和前首相安倍晉三等人開了很多次讀書會，也拜託了安倍在總裁選舉出馬，但卻在七月下旬被拒絕，她的心境轉變成「那就讓我出馬吧」，於是決定出面競選。她的政策是繼承安倍政權的路線，選舉運動也全面受到安倍前首相的支持。

高氏在節目中出場的時間超過三十分鐘。首先，她提到自己曾經擔任過二〇一二年「第一位女性的自民黨政調會長」，二〇一四年開始擔任「首位女性總務相」，她也提到自己年輕時是熱愛重金屬的少女，甚至喜歡騎重機，也講到疫情政策和外交和安保政策。最後也討論了日本女性在社會上的工作參與度落後全球的問題。

高市早苗的立場

司儀問道：「我認為這個社會有很明顯的『玻璃天花板』，長期在政治圈的您覺得呢？」，高市的回答如下：

「在憲法上，國會議員是全國國民的代表，無關性別或年齡。要實現所有國民切實的聲音，不應該特別拘泥在性別。但是，應該確實保障機會的平等，不論是男性或女性，都應該能在相同條件下，在現行的公職選舉法下出面競選。不過，在第一次選舉時，我還是被批評『女人到國會能幹嘛』或是『小女孩去了國會什麼也做不了』，年輕人和女性身份讓我很痛苦，因為三十二歲初次當選時，已經不能說是小女孩了。

可是多虧了前輩們的努力，我們最近在進行候選人公募，因為有候選人突然生病或退休，在那些都道府縣公募時，漸漸會聽到民眾表示，沒有女性願意出來選嗎？沒有年輕人願意出來選嗎？我認為，時代正在改變，接下來真的會出現更多元的人才。

只是，有人說現任內閣官員或是黨內幹部裡，女性還是很少，是因為在我們的時代，女議員數量本來就很少，在以前那個年代，職業女性本來就比較少，因此會有這樣的問題。不過，我很期待接下來各個政黨的努力。」

也就是說，她認為不管是前輩們還是自己，大家都一路奮鬥到這裡，社會狀況已經漸漸改善，之後會越變越好，這種說法，基本上一方面同化於「大叔社會」的論調，但她在其中努力向前，身為保守派女議員，成了讓人另眼相看的存在，這段發言充分地表達了高市早苗的態度。

她雖然也感受到女性在社會上遭遇的高牆，但她的思路不是從根本上用法律來改變現狀，是那些想保護男性優勢社會的人們——例如自民黨保守派男性議員也能接受的思考方式。

對「女vs.女」的戰爭表達「恐懼」的聲音

在高市早苗發言後，我也被問到，「你曾感覺到性別歧視或是玻璃天花板嗎？」

我一瞬間猶豫了。我認為高市早苗出馬競選自民黨總裁的舉動很值得讚許，如果能更加促進女性在社會上的就業參與度就好了。相反的，像我前面提到的，面對女性在社會中的高牆，最根本的解決之道像是修法改善等，高市早苗其實採取了保守的立場。大家都知道，在可選擇夫婦不同姓氏制度的議題上，她是堅定的反對派。她終究認為應該「使用舊姓作為通稱」。

如果不管這些問題，光談改善性別差距或是突破玻璃天花板等，在女性就業的問題上，我認為她不能算是提出了充分的論點。

不過，從當時的話題講到可選擇夫婦不同姓氏制度，會稍微偏離問題的主旨。不管想怎麼冷靜的討論，我都有預感可能會被說成是「女人和女人的戰爭」。雖然有點不知道該怎麼辦，但不說出來就是對自己不誠實，之後可能會後悔。因此，當時我是這麼說的：

「我認為高市女士這回能出來競選總裁真的是件好事。但另一方面，要說到高市女士是否提出了促進女性就業的政策？對此我也抱有疑問。高市女士對於可選擇的夫婦不同姓氏制度的立場非常鮮明，實際上大家都知道她是反對夫婦不同姓氏的急先鋒。

今年，政府對於推動男女共同參與計劃卯足了全力，但自民黨的保守派是否有暗中阻撓呢？關於這件事，有很多不同的意見。也有人說應該推動可選擇夫婦不同姓氏制度，希望高市女士可以廣泛聽取各方意見，採用真正對女性有利的政策。」

高市女士說了一句「謝謝」後，看起來好像想說些什麼，但又沒說出口。我個人的推測是，她也許覺得沒有足夠時間可以好好討論可選擇夫婦不同姓氏制度的問題。

我的立場是，如果可以的話，我希望自己能清楚表達出贊成可選擇夫婦不同姓氏制度的立場，但因為節目性質，我考慮到可選擇的夫婦不同姓氏並不是主要論題，所以光是提示論點就夠費力了。

但是光是上面所提到的對話，就產生了相當大的反響。我平常不會去搜尋網路上關於自己的文章，只有在那個時候，我反覆地上社群軟體。

好笑的是，果然就有人以「女人和女人的戰爭」來解讀，留下了「光看就可怕」的感想。

也有人說因為高市女士也是女性，所以我好像很難批評她，也許他說的沒錯。

同意高市女士的主張的人，也肯定「高市早苗訴求的不是『結果的平等』，而是『機會的平等』」，也有對她抱持著疑問的人留言說「她是用什麼邏輯反對夫婦不同姓氏呢？」

有一些感想或分析非常有參考價值，但也有一些帶風向的發文，算是總裁選舉活動的一部分，所以太在意也沒意義。而我透過這次經驗感受到的是，比起政策問題，不同意見或立場的女性們，可以更輕鬆平常地討論，而周圍的人也能接受這些討論，這樣就夠了。

停滯不前的可選擇夫婦不同姓氏討論

關於「可選擇的夫婦不同姓氏制度」，我想在此稍加說明。這個制度是希望能修改法律，讓夫妻可以自由選擇使用同樣的姓氏或使用結婚前各自的姓氏。

現在的民法和戶籍法，採用了夫妻在結婚時，某一方必須改姓的夫婦同姓制度。夫妻哪一方改姓都可以，但實際上大多是女性改姓。這就連結到女性歧視的問題，違反了憲法「法律之下的平等」（第十四條）和「婚姻自由」（第二十四條），而討論仍在持續中。

我每次寫可選擇的夫婦不同姓氏制度的報導，總會有讀者寄信來，「我是家庭主婦，結婚後姓也改成丈夫的姓，改成同姓有什麼不好呢？」但重點是「可選擇」這件事。想和配偶有相同姓氏的人，當然可以改成同姓。但是，因為改成丈夫的姓，會感覺到「生存痛苦」的人，要強迫他們改成同姓就是問題。夫妻應該可以選擇各自擁有自己原本的姓氏，這個制度的討論大概是這樣。

法制審議會從一九九六年就已經要求導入可選擇的夫婦不同姓氏制度。從那時到現在，已經過了四分之一個世紀了，還是擱置的狀態。二〇二一年六月的最高法院判決，承襲了二〇一五年的最高法院判決，下了制定夫婦同姓的民法與戶籍法為合憲的判斷，但關於可選擇的夫婦不同姓氏制度，希望能在國會討論後再判斷。除了在野黨，執政黨公明黨[1]也贊成導入，但自民黨內基於「傳統的家族形式將會崩潰」的理由反對的聲音相當大，讓國會的討論也陷入膠著。

野田聖子提出的目標

在剛才說的節目的互動中，我沒深談可選擇的夫婦不同姓氏制度，但在總裁選舉上，除了這個問題，也討論到「性別和多樣性」。那是因為總裁選舉公佈的前一天，野田聖子宣布出馬參選引發了話題。

野田聖子家中有身心障礙的孩子，她認真研究過女性、育兒、身心障礙者等問題，是很知名的政治人物。她贊成導入可選擇的夫婦不同姓氏制度，也很積極地推動。所謂的〈候選人男女平等法〉，是在國家選舉或地方選舉上，讓參選人數量盡可能達到男女平等，確定政黨應該努力達到這個目標的義務[2]，這條法律在二〇一八年實施，在制定過程中，野田聖子也盡力協助。

關於出面競選總裁，野田聖子說：「在人口減少和高齡化的時代，為了打造嶄新的日本，我希望至今為止都沒能當上主角的女性、孩子、高齡長輩、各種身心障礙者，都能在這個社會中生存下去。」

而她接下來說的話，也讓很多人很驚訝，「如果我當上日本第一位女總理，我的目標是讓野田內閣的女性官員達到全體人數的一半。實際上，我心裡已經有中意的人選了。」

日本政府提出的目標是「在二〇二〇年前，希望儘快推動女性占領導地位的比例達到百分之三十」。可是野田聖子的政見看起來輕輕鬆鬆超越了政府的目標。

以「三十%」為目標，是「黃金三成」和「臨界量」的思考方式，野田聖子主張「內閣官員的一半是女性」，基礎是朝向男女同數量的「平等（parité）」。Parité 是法語表示同質、同量的意思，法國在二〇〇〇年制定了「平等法」，規定在中央和地方幾乎所有的選舉中，政黨有義務讓參選人達到男女相同數量。

1 譯注：自公聯合政權，是自民黨和公明黨聯合成立的政權，目前為第二次自公聯合政權，由二〇一二年執政到現在，因此公明黨和自民黨都是執政黨。

2 譯注：努力義務，是日本法制上的一種非強制義務，規定「必須努力……」，但沒有任何具體罰則，可說是一種形式上的勸說。

要「鐵娘子」還是要「母親」？

野田聖子和高市早苗，都是在一九九三年眾議院選舉時第一次當選，不僅是同梯，年齡也相仿，但是她們的政治態度和政策，看起來完全相反。

像野田聖子宣稱的「以多元觀點為武器」，在總裁選舉上徹底戰鬥」，將女性立場放在最前面，立足的位置接近自由派。

但高市早苗在自民黨裡也算是相當保守的政治人物。在總裁選舉時，她主張要大幅增加國防經費，經濟政策上，繼承「安倍經濟」，高舉「早苗經濟」，更進一步提出了積極的財政任務。她以英國第一位女性首相，也就是被稱為「鐵娘子」的柴契爾夫人為目標。高市早苗不特別著重其女性身份，相當熟悉國防問題，給人的印象是強悍的女性政治人物。

但在另一方面，兩位也有相似的地方，就是她們都受到有力的男性政治人物提拔，而登上現在的高位。野田聖子得到古賀誠元幹事長和二階俊博前幹事長的支持，高市早苗則有安倍晉三前首相的支援。尤其兩人都出面競選二〇二一年總裁，如果野田聖子沒有二階、高市早苗沒有安倍，應該不可能實現。

當然男性政治人物也會有這種狀況，但在這兩位身上，可以看到相同世代女性政治人物共通的辛苦之處。「政治是男人的事」，這種思想依舊根深蒂固，在女性政治人物無法獨當一面的時代裡，女性想在自民黨內高升的話，也許只能接受有力的男性政治人物的支持。

野田聖子在長達四天的自民黨黨政會議的最後一天，很感慨地說：「從我初次當選到現在第二十九年了。這是第四次的挑戰，也是第一次站上總裁選舉的舞台。我深深感受到女性、而且是一個沒有派系的人，要出來競選總裁有多困難。」

一九九三年野田聖子第一次當選眾議員時，據說她被竹下登前首相叫出去，竹下前首相親手交給她一本書，是總務省那一年出版的《日本的統計》的最新版。竹下前首相對她說：「永田町是男人的社會，女人被認為缺乏邏輯又感情用事，男人的弱點就是客觀性不足。想讓男人聽妳說話，就要記住數字，要創造自己拿手的領域。」這是二〇一九年三月十九日每日新聞早報〈藏書拜見〉專欄介紹的故事，野田聖子在採訪中回答「比起愛讀的書，身為政治人物，為了在政治場域存活下去，這本《日本的統計》是我的『心靈支柱』。」

有超過一位女性候選人出面，有人會覺得這樣的狀態很不錯，但相反的，乍看之下好像是互相對比，但其實是出現兩個相似的候選人，老實說我也覺得有點不對勁。

強打「女性」的身份牌，對女性和孩童政策十分熟悉的野田聖子，以及完全融入男性社會，把越來越成功的女性形象當作賣點的高市早苗，除了這兩位，我更希望能再出現一位候選人，位置不偏極端保守派或自由派的女性政治人物。

正當我心情有點不暢快時，作家北原完美地做出了解釋。在二〇二一年十月二十二日朝日新聞的意見欄上，以〈「鐵娘子」或「母親」的痛苦〉為標題，她寫道：「只要女性會被迫選邊站，就還是會感受到痛苦」，「然而，若是女性政治人物的數量增加，社會也會有所改變」，「因為現在女性政治人物的數量很少，因此『女性』的身份會被批評，接著會用當事人的態度或政策，來評價那個人的『女性特質』，進而分開討論同為女性的候選人。」

倒退的岸田文雄

回到可選擇的夫婦不同姓氏制度的議題吧。自民黨的總裁選舉，可選擇的夫婦不同姓氏制度也是大題目，不過因為時間和篇幅的限制，和其他政策相比，很遺憾沒有什麼媒體認真報導。不過在二〇二一年九月十七日，也就是總裁選舉公告當天，日本電視臺的節目《news zero》，花了比較多的時間報導可選擇的夫婦不同姓氏制度問題。

節目裡請四位候選人手上拿著「贊成」和「反對」的牌子，問他們對每一項政策的意見，之後再請他們詳細說明原因。在可選擇的夫婦不同姓氏制度這一題，回答「贊成」的是野田聖子和河野太郎，回答「反對」的是高市早苗，岸田文雄既不贊成，也不反對。

高市早苗提出反對的說明是，她在任職總務大臣的時代，重新檢視居民基本資料，讓舊姓也可以附記在新姓之後，為了讓舊姓作為「通稱」可以擴大使用，她已經盡了全力，居民資料和駕照、護照等都可以併記舊姓和婚後的新姓氏，她強調自己實際上有做出了成績，表示想要普及這個方式。

野田聖子投「贊成」，她說「如果想要的話可以用相同姓氏，也能保持原本的姓氏，給國民這樣的權利，根本不會發生任何問題。」

同樣投「贊成」的河野太郎，提議說「社會有這樣的要求，但討論沒辦法得出一致的結果，國會議員是為了決定事情而被選出來的，不要在意黨的規定，在議會上決定就好了。」

最難懂的是岸田文雄。他說：「要尊重多元的生活方式，或者是說因為有人很困擾，所以討論這個問題自然重要。不過，夫婦之間的話倒還好，孩子的姓氏，要一致還是要不一樣，什麼時候決定，誰決定，對於這個問題，我還沒充分理解。」

二〇二一年三月，由自民黨的有志議員成立的「早日實現可選擇夫婦不同姓氏制度議員聯盟」時，岸田文雄也曾經是倡議者之一。但可能因為要顧慮安倍晉三前首相等自民黨保守派吧，在總裁選舉時他只是重新覆述前面的說法，這可以說是很明顯的倒退。

大叔的石蕊試紙

為什麼我這麼執著在可選擇的夫婦不同姓氏制度的問題上呢？那是因為，如果要解決女性「生存的痛苦」，我認為這件事就是基本中的基本。

可選擇夫婦不同姓氏制度的問題，事實上主要是女性在結婚時被迫改成丈夫的姓氏，很多人因此在社會上遭遇不利的事。當然，這也是很大的問題。但是，我認為不單單只是如此。姓名，是構成人格認同的重要部分。雖然也有人不排斥改姓，但是，也有人認為改姓後，自己一路走來的人生都被全盤否定了。我雖然沒有體會過這種心情，但我能夠理解這樣的說法。當然，男性也可以改姓，但實際上由女性改姓的狀況高達九十六%，只有女性會因為結婚被迫改姓，感覺失去了自我，這個問題當然不能放著不管。為什麼只有女性，不被容許帶著自己與生俱來的姓氏活下去？我實在不明白。

我有個學生時代的好友，也是醫師，她結婚後暫且維持著「事實婚」[3]，結婚十年後因為某些緣故才去登記。醫師證書也改姓了，舊姓的話就作為通稱在工作場合使用。後來她才知道醫師證書也可以沿用舊姓，但縣政府的職員在辦手續時並不知道可以沿用舊姓，對方說要改姓，她也就聽話的辦了手續。

朋友說，「某天報紙上刊登了婚後改姓的女姓的意見。上面寫著，在銀行或換駕照時，每辦一次改姓手續，她就覺得『自己正在消失』。我心想，「啊，就

3 編按：事實婚（又稱內緣），與普通夫婦的責任相同，包括有同居、扶助、家事債務、生活費分擔義務和貞操義務等等。並未登記入籍，但事實上屬於結婚狀態在日本被稱為「事實婚」。

是這樣」。就是這種說不出口的失落感。舊姓時代建立起來的職涯，到至今為止的努力，全都消失了。我不得不親手抹殺掉用這個名字努力到現在的我，實在太悲傷了。」

民意調查問到可選擇的夫婦不同姓氏制度的問題時，贊成的人越來越多。在二〇一七年內閣府的民意調查，同意導入可選擇的夫婦不同姓氏制度的人，比例為四十二・五%，創下了歷史新高，遠遠超過回答「沒有必要」的二十九・三%。其他回答「夫妻應該同姓，但希望法律改正，讓婚前的舊姓可以作為通稱使用」的人有二十四・四%。也就是說基於調查結果，同意導入的有將近六到七成。

反對導入的人，主張這麼一來「家族牽絆」或「日本傳統」將會崩潰。但法務省也承認「結婚後夫妻必須被迫選擇某一邊的姓氏，採用這個制度的國家只有日本」，那麼，承認夫婦不同姓氏的所有外國國家，他們的「家族牽絆」都崩潰了嗎？就算說到「日本傳統」，法律上確定夫妻一定要是相同姓氏，最早不過是明治時代的事。明治三十一年實施的戰前民法，在家長制度的基礎下，規定戶長和家人的姓氏必須是家族姓氏，結果，採用了夫妻姓氏必須相同的制度。戰後修改民法時廢除了家長制，但將夫婦同姓氏的制度保留了下來。

政府的審議會要求導入，國民的意識也逐漸進步，贊成可選擇的夫婦不同姓氏制度的聲音越來越多，國會是不是跟不上時代了？

即使是這樣，依然以「家族牽絆」或「日本傳統」為理由，反對承認「可選擇的」夫婦不同姓氏制度，我認為這是年長男性在家庭中握有權力的「家長制」和被性別角色綑綁的「大叔之牆」的象徵。

在立法機構擔負重大責任的國會議員們，是贊成這個問題還是反對，對我來說，就是判斷他們是不是「大叔」的石蕊試紙。所以，我不得不執著在這個問題上。男性的既得利益，或說的更柔軟一點，一點也沒有察覺到男性生來就「被加分」，把男性優勢的社會當成理所當然，想保護這個體制的「大叔之牆」，奪走了很多人的幸福。可選擇的夫婦不同姓氏制度的問題，我想就是一個相對好懂的例子。

「第一位女總理」的可能性

該怎麼去思考「第一位女總理」這件事呢？關於這件事，野田聖子和高市早苗的想法可以當作對照組。

野田聖子在總裁選舉的政見文宣小冊子裡，宣稱她的目標是當上「日本第一位女性內閣總理大臣」。

她說：「國家的領導人如果是女性，就能改變社會上先入為主的『只有男人才做得到』的偏見，進而擴大到行政機構、企業、學校，成為新的『常識』。也就是說，『女性內閣總理大臣』的符號，可以一口氣改變社會的想法，實現典範的轉移。」

相對的，高氏在二〇二一年九月十一日讀賣電視台的節目《wake up》上，被問到「你認為首位女性總理大臣的意義是什麼？」時，她回答，「基於憲法第四十三條，國會議員是全國國民的代表，所以跟年齡或是性別無關，我是為了當所有國民的代表而工作。但如果有小學女生說將來想當總理大臣的話，我會很高興。」

野田聖子想的是，以女性身份為武器，當上總理，藉此改變社會，而高市早苗完全沒意識到女性身分，她只是想成為總理大臣。

正因為在兩位成長的時代，女議員還是特殊的存在，所以有一邊以女性身份作為武器，另一邊看起來強調她沒意識到女性這個身份。

我也曾經被問過該如何思考總裁選舉上的「首位女性總理」的議題。那是二〇二一年九月十五日，我被邀請到日本外國特派員協會，在關於自民黨總裁選舉的主題上，和其他兩位專家共同召開記者會。

關於野田聖子和高市早苗兩位女性候選人的出馬，外國媒體詢問：「日本距離能接受女性領導人的新階段是不是近了？」、「有可能出現第一位女總理嗎？」

我回答：「有兩位女性站出來參選，是總裁選舉史上第一次，光是這件事就意義重大。只是，是不是馬上能出現女總理，我想路途還很遙遠。眾議院女議員的比例為九・九%，連一成都不到。我想應該要踏實努力地增加這個數量。雖然出現很多像是配額制的討論，可是因為自民黨的反對，無法順利推動。可是如果不那麼做的話，我想大概很難出現女總理吧。」

我只是很坦率地把我的分析講出來，總裁選舉結束之後再重聽，發現雖然是我自己的發言，卻感覺卡卡的。究竟是為什麼呢？

當時，高市早苗雖然表明要出馬競選，卻被認為是泡沫候選人，野田聖子雖然有競選的意願，可是能不能收集到二十個推薦人，真正出馬競選，也頗為微妙。嘴巴上大家說著「第一位女總理」，其實不管是我自己或政治界全體，都沒有認真地思考過這件事成真的可能。

但是，實際上有兩位女性候選人在總裁選時出馬，不論是這兩位或是其他人當選，大家不就已經意識到現實中出現「女性總理」的可能性了嗎？至少我是這樣想的。所以，我覺得自己說出「路途還很遙遠」的發言有點卡卡的。

稻田朋美的變節

雖然和總裁選舉沒有直接關係，在這裡我想再說說另一位自民黨女議員的故事，稻田朋美。最近很少人提到她，但一直到幾年前，講到「第一位女總理」時，稻田朋美的名字就會被提起。難道這是「第一位女總理」候選人的宿命嗎？稻田朋美跟野田聖子和高市早苗一樣，都是評價兩極的政治人物。

稻田朋美是中日戰爭時「百人斬」報導官司的原告律師，也因為這個機會，她受到安倍晉三前首相邀請，進了政治界。她保守的政治信條和安倍很接近，在第二次安倍政權時受到重用，擔任過行政改革擔當大臣、自民黨政調會長、防衛大臣[4]、自民黨幹事長代理等職位。但是在擔任防衛大臣時，因為東京都議會選舉時為候選人助選演說的失言，以及隱瞞陸上自衛隊派遣到南蘇丹的聯合國和平維持活動（PKO）的紀錄，大受批評，只做了一年防衛大臣就引咎辭職了。

稻田朋美在當防衛大臣時不斷被罵。我當時也是負責外交安保的論說委員，有很多直接訪問防衛官僚或自衛官的機會，但更多的是稻田朋美如同少女般穿著的相關話題。稻田防衛大臣視查護衛艦或潛水艇時，曾被酸民嘲笑「稻田大臣穿著高跟鞋上護衛艦了，我還以為甲板會破洞呢」。但在現場的防衛省官員卻表示「實際上根本不是高跟鞋，是低跟的鞋子。就算是高跟鞋好了，也不可能踏穿一個洞啊。」

第一位女性防衛大臣小池百合子，在二〇〇七年的任期不到兩個月，那之後，稻田朋美被認為會成為真正意義上的第一位女性防衛大臣。要說是什麼引起了話題，稻田朋美雖然也有問題，可是跟防衛省、自衛隊的態度也有關，自然也發生了一些反彈。

在經歷防衛大臣時代的「挫折」後，稻田朋美明顯改變了。

---

4 譯注：相當於國防部長。

她更積極致力於「性別・多樣性」政策，之前她一直反對可選擇的夫婦不同姓氏制度，後來也表示能接受。在這個問題上，她發表了自己的解決方法──結婚後也想使用舊姓的人，在登記後可以讓舊姓記載在戶籍上的「舊姓登記制度」。

在推進國民理解LGBT族群的〈LGBT理解增進法案〉上，她在執政黨與在野黨討論時，負責作為執政黨的調停人。即使法案並不是「禁止歧視」，只是「增進理解」，但只要法案能成立，社會應該就能稍微往前進。

執政黨和在野黨一度同意了法案，可是後來遭到自民黨內部分保守派的強硬反對，在二〇二一年通常國會提出前的最後一個瞬間停擺了。福田氏說「下次我們一定會讓它成案。」

近年來福田的種種舉動，被部分保守派認為她「變節了」、「左翼化了」，成為黨內激烈批判的對象。曾有人認為她是前首相安倍晉三的秘密武器，想要成為「第一位女總理」的稻田朋美，如今已經失去安倍的後盾了，稻田朋美之後要怎麼辦呢，在永田町經常能聽到這種說法。

在著作《堅強而溫柔的國家》裡，稻田朋美提到，「為什麼日本人很喜歡決定別人不是左就是右呢？女性在社會上的活躍，不是左也不是右。這是對日本來說很重要的事，因為是正確的事，所以想向前邁進而已。當我提到女性遭受的不平等待遇或女性蔑視，就會被看成是左翼，我想要改變日本的這種風氣。女性的活躍，並不單單只是為了女性，同時也會增加日本全體的活力，打破封閉的社會氛圍，提高生產力。」

最後她說「女性的活躍，並不單單只是為了女性，同時也會增加日本全體的活力，打破封閉的社會氛圍，提高生產力。」，我其實不太認同。因為我認為，女性在社會上的活躍並不是為了國家，而是個人必須被保障的權力，是理所當然的人權問題。但是，稻田朋美講的前半段，我完全沒有異議。

經過「挫折」的稻田朋美，身為政治人物想要找出活路，因此開始了策略性的活動，當然也不能否定她的這個面向。不過讓她積極推動LGBT法案的契機，是因為她兒子的朋友是性少數者。今後，稻田朋美會變成什麼樣的政治人物呢？

野田聖子、高市早苗、稻田朋美等女性政治人物，在今後，要如何跟支持、栽培自己的大頭政治人物保持距離，我想很值得關注。

少數的女性參選人

日本的女性參政權到戰後才被承認，一九四六年四月十日，戰後首次的眾院選舉，大約有一千三百八十萬人的女性首次投票，當時，也首度誕生了三十九位女性國會議員。那之後，過了七十五年，然而女性的眾議院議員，在二〇二一年十一月只增加了四十五人。在這中間，大家印象所及，女性議員飛躍地成長的例子，就是一九八九年的參議院選舉，土井委員率領的社會黨，掀起了女性議員大量當選的「瑪丹娜旋風（madona boom）」。隔年一九九〇年的眾院選舉，土井也讓很多女性議員當選，但這個勢頭並不持久。之後也出現了像是「小泉的孩子們[5]」「小澤女孩們[6]」等女性議員當選的潮流，但都只是暫時的風潮而已。

除了前面提到的野田聖子、高市早苗、稻田朋美三位女性政治人物，事實上自民黨也在栽

眾議院選舉的候選人和當選人中女性比例的變化

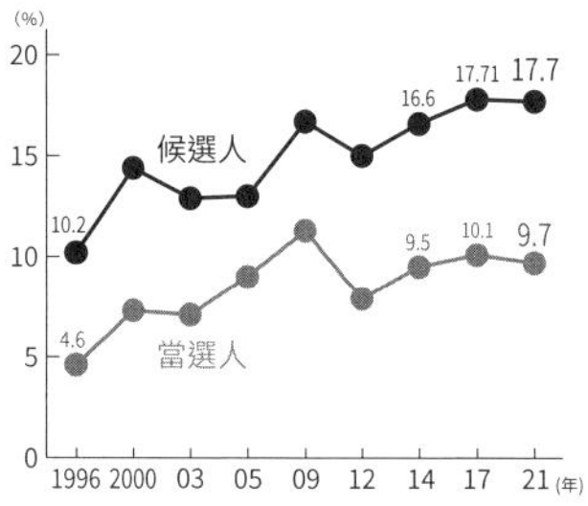

主要九政黨的女性比例
2021年 眾議院選舉 ()內為人數

	候選人比例	當選人比例
自民	9.8(33人)	7.7(20人)
立民	18.3(44人)	13.5(13人)
公明	7.5 (4人)	12.5 (4人)
共產	35.4(46人)	20.0 (2人)
維新	14.6(14人)	9.8 (4人)
國民	29.6 (8人)	9.1 (1人)
令和	23.8 (5人)	33.3 (1人)
社民	60.0 (9人)	0 (0人)
N黨	33.3(10人)	0 (0人)

培其他有前途的女性國會議員。我想不能忘記東京都的小池百合子知事，還有二〇二一年秋天眾議院選舉時落選的立憲民主黨的辻元清美，和在野黨的女性政論家。

要增加女議員的數量，首先有必要增加女性參選人。二〇二一年的眾議院選舉，是二〇一八年「候選人男女均等法」實施後的第一次眾議院選舉。

眾議院選舉的全部候選人裡，一〇五一人中女性候選人有一八六人，只有十七．七%，比戰後女性參選人比例最高的二〇一七年的眾議院選舉還少了二十三人，比例也微降了〇．〇一%。

順道一提，在二〇一九年的參議院選舉時，女性候選人的比例也僅止於

5 譯注：日本前首相小泉純一郎在二〇〇五年人氣到達高峰，當年的眾議院選舉，因為小泉前首相的聲勢而當選的議員有八十三位，被稱為「小泉的孩子們」。

6 譯注：在第四十五回的眾議院選舉時，小澤一郎在全國各地自民黨的地盤推選了很多女性參選人，結果有很多位議員在小選區當選，報紙和週刊誌相繼使用了「小澤女孩們」的稱呼，後來連全國大報也開始使用。

二十八・一%。這都是離候選人男女均等法要求的「男女均等」很遙遠的數字。

政府在第五次男女共同參與基本計畫上，提出女性在中央選舉候選人中的比例要在二〇二五年前達到三十五%，但持續這種情況，很難達到基本計畫的目標。

國際型的議員交流團體「各國議會聯盟」（IPU）於二〇二一年十一月發表的世界眾議院的女性議員比例是二十六・〇%，日本九・七%是一九三個國家裡的第一六四名。G7各國，法國三十一名（三十九・五%）、義大利三十九名（三十五・七%）、德國四十三名（三十四・九%）、英國四十五名（三十四・三%）、加拿大五十八名（三十・五%）、美國七十三名（二十七・六%），日本墊底。

順帶一提，跟日本的一百六十四名差不多順位的國家，一百六十二名是波札那共和國，一百六十三名是諾魯共和國，一百六十五名是史瓦帝尼等國。

是假裝沒發現嗎？

為什麼這麼難推動女性出來競選呢？

原因跟理由很多，我第一個想到的最大原因是，對現今的日本社會，政治界的危機感不夠。

說是「尊重多元」、「促進女性在社會中的活躍」，但日本社會，尤其政治領域，並不是讓人容易生存下去的狀況，無法反應男女各半的人口構造，在扭曲的結構底下，一直把這些都當成理所當然的政治界，完全失去了吸收社會問題的能量，這種說不上正義的民主，也成為落後世界的主因。大叔們是沒發現這一點嗎？還是雖然察覺了，卻小看問題，以為自己可以逃避這個問題？究竟是哪一種呢？

在決定眾人意志的政治場合裡，女性的數量很少，這會對人民產生什麼樣的影響呢？政治是怎麼跟生活產生直接連結的？我們在全世界大流行的疫情下已經切身體會過。我們已經看到政治是否能有效運作，能左右每個性命是否能被拯救，我們還目睹了女性在疫情之下承受了多麼不利的狀況。

光是增加國會議員或企業幹部等位居指導地位的女性，當然也不會馬上解決所有問題。但是，不做的話，問題永遠不會解決。晉用女性，對解決日本社會的問題，並不是「充要條件」，卻是「必要條件」。而且，比起無法回頭，也幾乎讓人擔憂是不是已經來不及，真是令人絕望。

放棄了女議員的男秘書

那就具體來看看，阻撓女性出來競選的到底是什麼。

女性議員無法增加的理由，三浦瑪麗在她編輯和撰寫的《如何增加日本的女性議員？》一書中有學術性的詳細分析。討論這個問題時，我想參考其中的部分，再加上自己採訪的實際感受來分析。

首先，當然選舉時也不能隨便地推舉候選人，出發點是要讓女性想出面參選。但目前的社會結構持續不變的話，基本上想當國會議員的女性不會增加。

第二，選舉活動、政治活動跟家庭生活的兼顧非常困難。也就是一道「兼顧的高牆」。

選舉和平常的政治活動，都是越辛苦工作越能得到「成果」，這是日本政治的狀況。新人或年輕議員每天都要去車站等地方拜票，和參議院議員不一樣，因為眾議院議員不知道什麼時候會面臨解散和總選舉的命運，幾乎要「經常上戰場」，不拼命的話不可能當選。眾議院如果是比例投票的候選人，還沒那麼辛苦，若是小選區的候選人，選區裡大大小小的活動或會議都要出席，會被要求做各種瑣碎的選民服務，時間怎麼樣都不夠用。

就算運氣很好，當選幾次成為中堅的資深議員，問題也不會結束。

有一位有小孩的自民黨中堅女議員，幾年前，她事務所的男秘書突然請辭，去了別的男議員的事務所。這是常有的事，但女議員的事務所看起來運作得很好，所以讓人意外。因為是比較熟的秘書，所以我問他「為什麼？」他說「我把國會議員秘書這個工作看作是男人一輩子的工作。但到了傍晚六點，議員就因為小孩要早早回家，在這種人底下我做不下去。」也許他辭掉事務所的工作，有別的真正的理由，但他感受到的不滿應該也是真的。到了現在這個要改革工作方式的時代，大家的想法多少都發生了變化，但想法老派的男性國會議員、秘書、官員還是很多。

也有女性議員說到，要兼顧育兒工作「讓人想哭」。

眼看著那麼辛苦的女性議員，心裡還會想著「好我也來做做看」的人，到底有多少呢？

金錢、制度、投票騷擾

若是想要參選，還會遇到「金錢的高牆」。我有個認識的男性友人，說以前想過要代表自民黨出馬選參議院議員，但是一聽說要「準備一億日幣」就放棄了。就算不到一億元，選舉也很燒錢。日本有候選人要先繳交保證金的制度，免費參選是不可能的事。和男性相比，在這個女性薪資更低的國家中，有人會想把存款都花在選舉上嗎？

在選舉花太多錢的制度，一定得改變。這不是只為了女性候選人。對男性候選人來說也是大問題。選舉結束後，因為得回收花掉的金錢，所以不斷發生跟金錢相關的醜聞。

而眾議院的小選區制度，也是女性候選人的高牆。如果是中選區，政黨可以提名好幾位候選人的話，可能還能提一位女性候選人，但小選區的情況，只有一位能當選，因此只會提名一位確定能當選的候選人。在這個情況下，對必須兼顧家庭或育兒，活動容易受限的女性候選人就很不利。

小選區提名候選人時，政黨會優先提現任議員，這也是女性候選人無法增加的重要原因。現任議員多半是男性，女性候選人只能瞄準現任退休的空白時間才能被提名，可說是一道「窄門」。

候選人或政治人物也會面臨所謂「騷擾的高牆」。像是因懷孕或生產等理由受到「母性騷擾」等狀況，女性政治人物和一般的職業婦女都會承受很多種騷擾。尤其女性候選人或政治人物，還會碰到選民用選票來吃豆腐的「投票騷擾」。

立憲民主黨在二〇二一年眾院選舉時製作了一款防止性騷擾海報：「朝向沒有性騷擾的政治與選舉活動邁進」，上面就畫了穿著裙子的女性候選人和像是支持者的男人握手，女候選人被男人勸說「穿裙子比較容易拿到選票喔」時，她一臉困惑的樣子。

我自己跟自民黨關係人士談到女候選人問題時，曾聽過「女性要參選，就一定要有對男人投懷送抱的覺悟，這不是理所當然的嗎」，令我感到毛骨悚然。

被丟下的日本

培養女性人才的努力也不夠。本來，國會議員就不是一下子就能冒出頭，也不是說當上了就好。最近被選舉權的年齡降低，社會上熱烈地說著要讓年輕人進國會，我也贊成，不過那是另一個話題。

如果要回應選民，做好政治工作，必須先在地方議員時期累積經驗，或在一般企業或政府機構累積職涯。要增加女性國會議員，至少，有必要從增加更多女性地方議員開始。

但是，女性地方議員的數量也很少。根據男女共同參與白皮書統計，在二〇二〇年十二月底，女性議員占比，都道府縣議會是十一・五%，市議會是十六・二%，村鎮議會不過是十一・三%。看起來和中央沒有太大的差別，但是區域差異很懸殊。都市和鄉下地方相比，鄉下地方的問題更嚴重。

所有的都道府縣議會裡都有女性議員，但完全沒有女性議員的「零女性議會」，市區議會有三・七%，村鎮議會的話更高達二十九・〇%。

也常發生地方議員被騷擾的問題。據二〇二〇年度內閣府調查，女性議員中，六成左右多多少少有各種被騷擾的經驗。

因為選定候選人的是男性中心的結構，男性候選人也比較容易被選上，這一點不能忽視。

雖然目前為止一直談制度的事，但其實「男主外，女主內」的性別角色分工或是「政治是男人的事」的潛意識成見，一直是影響的主因。女性自己也是，家人和支持者都各有各的認定。

我經常聽說選民認為女議員不會把中央預算引進當地，所以傾向排除掉女議員。

但是，國會議員在造橋舖路等公共建設上競爭的時代，已經過去了。如果看地方選區的相關課題，也不是單純只和公共建設有關。還有育兒、教育、醫療、長照等多元課題。仔細傾聽大家的聲音，能切實解決問題，才是地方議員或國會議員都應該具備的能力吧？不如說女性議員更能發揮這種能力。

想增加女性候選人，只是大略看來，就有這麼多道的「高牆」。所以，不能再說什麼等個幾年就會自然增加了。那麼該怎麼做呢？為了增加數量，首先要修改候選人男女均等法，要讓女性候選人的數字目標成為各政黨的義務，應該導入各國採用的配額制。

依據內閣府的調查，二〇二〇年二月，世界上有一一八個國家在政治領域上導入候選人或議會席次女性固定占比的配額制，以歐洲為中心的世界各國在一九九〇年代後半以來，除了配額制的導入等等，嘗試了種種努力。也就是說，日本完全被丟下了。

哪是別人家的事？

二〇二一年秋天眾議院選舉告公的前一天，日本記者俱樂部主辦的九黨黨主席討論會上，有人問了岸田文雄首相和當時立憲民主黨的代表枝野幸男關於〈候選人男女均等法〉的改正問題。

提問的問題是關於再次修法，「即使有了相關法律，女性議員的比例也沒提高。應該把數字目標義務化，因此有必要導入配額制吧？」兩人各自回應如下。

〈岸田〉

「目標雖然重要，但如果不打造大環境，不改變想法，光是設立目標或用法律來強制束縛，不太可能改變現實。政治場域上女性的活躍，在新時代充分發揮女性的感性，都是很重要的努力，但正因為這樣，國會、議會、還有選舉活動、政治活動上，如果不打造環境，「有目標」也不會改變現狀。一定要兩方都齊頭往前進，才能具體改變。」

〈枝野〉

「在國家政治上，為了朝配額制邁進，在眾議院的話，用比例投票的重複候選制度，在參議院用比例投票制，這種順位的排法，比較有彈性。放在第一名的，是一口氣讓女性排在一樣的順位。第二名，是保持同樣順位的男性。第三名，是把沒被選上第一名的女性排進去。如果可以認同這種做法的話，我們就會迅速地導入這種制度，在比例投票上，一定會變成平等的制度，男女有相同數量。我想進行這種推舉候選人的方式。因為各黨大致也對這件事沒有異議，可以的話希望在下次總選舉就採用這種制度，創造實際上男女同數量的議會和國會。」

枝野幸男談到在比例投票上導入配額制度的具體方案，岸田文雄表示打造環境很必要，表示光有目標不可能改變。那句「在新時代充分發揮女性的感性」，聽起來好像是在講別人家的事，完全感覺不到他的危機感。

首先從增加數量開始

到現在為止，和周圍的男性聊天時，我聽過很多像岸田文雄那樣的意見，「設定目標不一定就會順利，還可能不得不錄取沒有能力的女性。」我自己也曾那樣想過。

但是，不管是在任何選舉架構的討論上，我們從來沒聽過「那就不得不錄用無能的男性了」的說法。出現了這麼多醜問和惹出問題的男議員，但誰也不會這麼說。社會上傾向只有女性的能力有問題。是因為不想錄用女性嗎？如果不是男性不願失去既得利益的「藉口」，那是為什麼？我現在會這麼想：只要不斷讓這類討論空轉，就不可能期待社會的進步。

設定目標，先增加數量，接著用打造大環境來配合，一定要照這個順序來，日本社會的問題已相當嚴重，只有「大叔」們還沒察覺。

在眾議院選舉時，雖然有關於「性別和多元性」的討論，但重點放在疫情下的經濟該如何重建，每一黨幾乎都在財政問題上較量，被說是「福利大撒幣」的選舉，感覺上性別問題被放在後面。

前面一邊回顧總裁選舉和眾議院選舉，談到了自民黨的狀況，在這裡也想提一下在野黨的狀況。二〇二一年眾議院選舉的結果，在野黨第一大黨立憲民主黨，比公告前的議會席次少了十四席，減少到九十六席，枝野幸男代表引咎辭職。

要選出枝野幸男繼任者的代表選舉上（二〇二一年十一月十九日公告，十一月三十日投開票），出馬參選的有前首相輔佐官逢坂誠二、前總務政務官小川淳也、政調會長泉健太、和前副厚生勞動相西村智奈美四位。

在比早兩個月舉行的九月的自民黨總裁選舉中，四位參選人裡有兩位是女性，所以立憲民主黨選舉代表時，認為「高舉性別平等的立憲黨，一定要推出女性候選人」，擁立女性候選人的聲浪很高，最後也讓西村出馬。

決選投票的最後，泉打贏了逢坂成為新代表，他也實現了「執行幹部成員的半數是女性」的競選公約，西村被起用為幹事長。關於泉起用西村的目的，他說「想一起讓黨重新復活，作為呼籲尊重多元的政黨，我們希望具體實現性別平等。」

立憲民主黨的代表選舉能讓女性候選人出馬，就任幹事長，對一直以來男性幹部受矚目的政黨來說，是前進了一大步，我覺得非常好。就算有點勉強，總之不顧一切地去實現，就能看到做得還不夠的部分。

我當上日本記者俱樂部的代表提問人

最後，可能稍微偏離這一章的主題，因為在二〇二一年秋天自民黨總裁選舉、眾議院選舉、立憲民主黨代表選舉時，我身為日本記者俱樂部主辦的黨主席討論會和參選人討論會的代表提問人，被問過很多次問題，所以想在此分享。

在中央的選舉場合，代表日本記者俱樂部提問的記者們，到那時為止幾乎都是男性，女性多半會被派去當司儀。日本記者俱樂部事務局的說法是，中央選舉的黨主席討論會，到二〇〇三年為止，曾經有女性作為代表提問，但那之後的十幾年都沒有女性了。隔了很久女性被選上，是二〇一九年參議院選舉時的每日新聞論說委員福田容子女士。二〇二一年秋天自民黨總裁選舉和眾議院選舉時，各有四位代表提問者，裡面各有一位女性，我被選上了。立憲民主黨選代表時，也還有一位女性被選上成為代表提問者，是產經新聞的前政治部長佐佐木美惠女士。

日本記者俱樂部，是考慮了專業領域才選擇代表提問者。當時的自民黨總裁選舉、眾議院選舉、立憲民主黨代表選舉上，女性被選為代表提問者，是因為在前一年的二〇二〇年九月自民黨總裁選舉，日本記者俱樂部主辦候選人討論會上，石破茂被問到女性政策時，他反問了記者：「除了司儀以外，在場全都是男性嘛？」

二〇二一年秋天自民黨總裁選舉以及眾議院選舉的日本記者俱樂部討論會時，在關於「性別和多元性」的討論上，發生了一件掀起話題的事件。

二〇二一年九月，在日本記者俱樂部主辦的自民黨總裁選舉候選人討論會上，代表提問的筆者。（日本記者俱樂部提供／津野義和攝影）

總裁選舉的候選人討論會上，第二部分是由四位記者代表提問，外交與安全保障相關問題，都集中在有當過外交部長的岸田文雄和河野太郎兩人身上。結果導致野田聖子和高市早苗兩位女性，好長一段時間完全沒有發言，似乎有些人覺得這兩位像是被排擠了，尤其支持高市早苗的人們發出了抗議。

那種提問因為重視新聞性，所以不一定會很平均地對候選人提問，這是一開始就知道的，就提問的立場來說，也完全沒有排擠的意思。外交安保這種重要題目，會集中詢問曾當過外交大臣的人，野田聖子或高市早苗如果當過外交大臣，大概問題也會集中在她們身上。但是，就算只是一部分，如果給人排擠女性的印象，今後一定要更加小心注意，這件事成了一個教訓。

而在眾議院選舉時九黨黨主席討論會上，在討論關於可選擇的夫婦不同姓氏制度的導入和促進理解LGBT的法案時，請贊成在下次國會提出法案的人舉手。結果，九位候選人裡面，只有坐在正中間的岸田，對兩條法案都沒有舉手。

在複雜的政策主題上，讓對方面臨二選一的做法，大概有人贊成有人不贊成，對於把兩件法案一併處理的方式，或許也會有人希望分開處理。但另一方面，過了一陣子後，也有人特地來跟我說「那個提問問得很好」。

在眾議院選舉的九黨黨主席討論會前，恰巧在當天每天新聞早報上，介紹了二〇一九年在參院選舉的日本記者俱樂部主辦的黨主席討論會上，上智大學三浦瑪莉教授針對可選擇夫婦不同姓氏制度舉手提問的事。三浦在採訪中回答，「性別政策一直被邊緣化。不過在二〇一九年參院選舉時發生了變化，日本記者俱樂部主辦黨主席討論時，問了是否贊成可選擇夫婦不同姓氏制度時，只有安倍晉三前首相沒有舉手。這是性別問題成為爭議點的象徵，而眾議院在那之後迎來第一次選舉。」

眾議院選舉的結果就像前面說的，女性議員減少，自民黨確保了絕對穩定的多數，立憲民主黨敗退，陷入黨代表辭職的狀況，性別問題雖然持續受到注目，卻無法往前邁進。

第五章

想推倒高牆的話

再度挑戰的機會

在現今「大叔之牆」還很堅固的社會裡，女性們要能不感受到「生存的痛苦」，實現能舒服工作的環境，到底需要什麼呢？在本書的最後一章，我想以我朋友的故事為主，來探討這件事。

我認識一位女記者，一邊養育兩個小孩一邊工作，甚至在報社當上了主管。她的丈夫也是記者，所以夫妻倆總是非常忙碌，也十分辛苦，還好夫妻倆都是東京出身，雙親都還健在並住在東京，因著父母的支援，他們還能繼續工作。

就算如此，當女記者生完第一個小孩，久違地回到所屬部門時，發現周圍的人對待她的態度都有了一百八十度的轉變，因此受到了很大震撼。「啊，妳有小孩了嘛。不用那麼辛苦啦，不要勉強。」、「妳星期天能工作嗎？」、「應該沒辦法負責院會之類的工作了吧？」雖然知道周圍是顧慮她的情況，但「自己明明有父母的支持，能夠和以前一樣工作啊！」，她既憤怒又不甘心。

她一個禮拜只有一天會在傍晚六點左右回家，其他時候都跟單身時的工作模式沒有任何差別。雖然本來就不應該把能加班作為前提，但報社的情況是每天得工作到深夜早報截止的時間。即使是這樣，她說「加班我還可以做到，但為了讓自己的職涯更上一層樓，要怎麼克服調動也是困難的課題」。有孩子的女記者會避免調動，比起男記者或單身女記者，異動時傾向讓有孩子的女記者，調動到本部的其他部門。很多被一再要求調動的男記者或女記者，內心的不平衡和不滿就會爆發。因為疫情的影響，推進了視訊和線上工作，但若所屬的是全國性的大報社，要完全避免調動很困難。

她曾認為「有小孩的女性，只要能細水長流型的工作就好了」。也就是說，雖然有段時間會很難加班或外派，但只要小孩再長大一些，就能跟男性一樣，也可以挑戰外派的工作。「應該要這樣栽培女記者，希望女性不要放棄或逃避，再度挑戰職涯升級的可能。」

我有個學生時代認識的女性友人，也覺得女性很難在日本的公司工作。

她曾在日美兩國的專利事務所做過專利實務和翻譯，現在是自由工作者。「我在日本的一般企業工作了一段時間，很驚訝有『大叔』那種人的存在，他們在公司裡把需要專業知識的工作交給部下，主要工作就是當管理部下的高層。但在專利事務所，作為上司的專利師活用他們的專業知識和經驗，工作起來比部下還拼命」。她說，自己之所以能繼續工作，是因為她的工作具備一定的專業度。

她只生了一個兒子，如果有女兒，她一定會建議「不論是當醫生或學者都好，總之要做專業度較高的工作」。她表示，「朋友之中，曾在一般公司工作過的女性，大部分都辭職了。能繼續工作的，只有醫生和教師。日本的公司，女性要持續累積職涯，結婚、生小孩之後還能長期工作的門檻太高。」

問題還是在「數量」

到目前為止，我談到的都是女性要如何兼顧家庭和工作，當然，這跟男性應該如何兼顧家庭和工作的問題，其實是一體兩面。我希望能夠出現更多男性選擇短工時，負責主要的育兒工作，讓妻子安心在外打拼的例子，但是，第三章也提到過，根據厚生勞動省的雇用均等基本調查，二〇二〇年女性請育嬰假的比例是八十一・六％，相比之下，男性只有十二・六五％。

女性要工作也要照顧家庭，還要支持工作到深夜才回家的老公，這樣的生活模式，我想也已經瀕臨臨界點，明明已經到了臨界點，卻還沒設立能夠解決問題的制度，女性只能皺眉咬牙拼命努力，甚至還要忍受低薪。追根究柢，會形成這樣的狀態，和女性非正職雇用者的比例太高有關。根據總務省的勞動力調查報告指出，二〇二〇年女性勞工有五十四．四％是非正職雇用者，相對的，男性的非正職勞工只有二十二．一％，差距十分懸殊。

該怎麼做才能改變讓女性受苦的狀況呢？我想提供一位擁有豐富海外工作經驗的女性友人的故事，讓大家參考，友人認為重點在於女性的「數量」。

她曾在日本的銀行和國際機構工作過，現在在能源公司上班，有在美國、亞洲地區等十五年以上的工作經驗。她和我一樣是〈男女雇用均等法〉的第一世代，在她進入日本的銀行工作時，一百六十六名綜合職員工之中，只有四位女性，她是其中之一。

認識她，可以回顧到我從二〇〇一年十月開始擔任華盛頓特派員的日子。我在華府的生活從九一一之後開始，華府因為是美國首都，也是各國特派員的集中地，當時美國當地的氛圍，因為剛經歷了恐怖攻擊，大家都在互相比較誰最「愛國」，身為外國人，每天的生活讓人有些喘不過氣，又忙著把工作做好。當時和在紐約或華盛頓國際機構工作的日本女性，假日約出來聚會，笑著談論私生活或工作上的煩惱，對我來說是難能可貴的放鬆時光。後來，她們有人因為工作在世界各地往返，也有人回日本工作。

為了這本書，我久違地用視訊電話聯絡她，「你認為若要實現女性能安心工作的環境，什麼是必要的？」她嘆了一口氣，馬上回答，「這三十年來，職業婦女的工作環境，確實有改善一部分，但實在進步得很慢。」

她很常接受性別議題相關的採訪，經常被問到，「要讓女性在社會上活躍，該怎麼做比較好呢？需要什麼樣的資質和條件？」每一次她都會回答，「女性並沒有欠缺什麼，最重要的課題是建構出讓女性容易工作的社會環境和制度。女人並不需要再更努力，透過導入配額制，增加女性管理階層，推動男性減少加班和參與育兒工作等，如果不進行強迫式的系統性整治，現在的狀況不會改變。」

她表示，自己在日本的銀行工作時，作為極少數的女性綜合職，一舉一動都受到關注。她回顧，「在意那種事真的很累。如果高層至少有三成是女性的話，誰也不會特別在意性別吧。」

性別角色的「想法」改革

她會認為「必須採用配額制」，是因為受到過去經驗的影響。二〇一五年到二〇一六年，UAE（阿拉伯聯合大公國）的阿布達比國營石油公司和一般財團法人國際石油交流中心設立了「開發女性職涯友好委員會」，她身為日本會員的一員，訪問了阿布達比。和UAE的石油公司女社員交換名片，她們幾乎都是「總監」或「經理」，都有管理階層的頭銜。她很驚訝，問了對方理由，她們解釋大概在十年前，UAE的高層擔心將來石油資源枯竭，「這樣下去經濟會崩潰」「不好好活用占了人口一半的女性的能力，也太浪費了」，相對於受伊斯蘭教影響，不讓妻子工作的那些老公，UAE大聲疾呼妻子要在外面工作。而且在基本產業重心阿布達比國家石油公司裡，強制讓許多女性往上層晉升，透過海外留學或職場研習，積極栽培。

順道一提，世界經濟論壇（WEF）於二〇一五年發表的「性別差距指數」，日本是第一〇一名，UAE是第一一九名，然而因為上述的努力，UAE在二〇二一年上升到第七十二名，而日本則大大地退後到第一百二十名。

我問她：「實施配額制，不會變成逆向歧視嗎？」，她說「到現在為止，都是男性被加分，這次輪到女性被加分了，只要這樣想就好。」很多人會說，「女性不想當管理階層或上級領導者」，但根據她的說法，是因為「女性從小就被教育，長大後要當幼稚園老師或護士等『女生做的工作』吧。只要改變教育，想法也會改變。」

說起女性的「數量」，這更關係到對於男女性別角色的看法，她說起在國際組織工作時難忘的經驗。她所屬部門負責影印和管理日程等輔佐工作的男性，是畢業於美國名校喬治城大學的經濟學學士。問他為什麼會想做這樣的工作，他很自然地回答，「我因為有自己的興趣，想在固定時間回家，也想支持辛勤工作的妻子，多照顧孩子一些。」

在國際組織裡，男性助理並不少見，而且還有配合妻子調動，請了兩年假跟著妻子外派的男性，也有職員為了照顧父母，住在耶路撒冷的特拉維夫，遠距工作。

配合職員的生活形式，認可多元的工作方式，應該也有助於創造讓女性安心工作的環境。如果能讓社會多元發展，就能從向來束縛男性的「男人應該是賺錢的一家之主」、「助理不是男人該做的工作」等刻板印象中解放了不是嗎？

女性也能賺「錢」的社會

來聽聽另一位長期在海外工作的女性的故事吧。經歷過世界銀行[1]等工作，最後選擇在日本創業的她，把重點聚焦在自己的專業領域——「錢」上面。她認為必須讓女性有「錢」，要創造女性也可以賺大錢的社會。

她說自己走向世界的契機是「以前在日本的銀行工作時，我心裡認定女人除了要做家事之外，也必須跟男人競爭。但是我後來了解那樣的生活方式太勉強了，而且我本來就是個懶人，所以不斷思考要怎樣才能輕鬆地工作，最後就決定去留學了。」

針對我提出的問題，「你認為若要實現女性能安心工作的環境，什麼是必要的？」，她從「錢」的觀點來回答：

「我想先說的是，現在的社會機制導致女性賺不到錢，有所謂金錢的差距。薪資當然比男性少，我認為還有一個原因是金融的世界中，女性太少，提供金援的幾乎都是男人。每個人都一樣，不會拿錢給自己不太了解的人吧。因此必須讓更多女性進入金融的世界，也要從經濟和政治層面上來做出改變。」

那麼，為什麼女性的薪資比較低呢？

1 編按：世界銀行是為開發中國家資本項目提供貸款的聯合國系統國際金融機構。

女性工作時間的 M 形分布
按工作時間劃分的就業人口百分比
（出自 2020 年日本總務省統計）

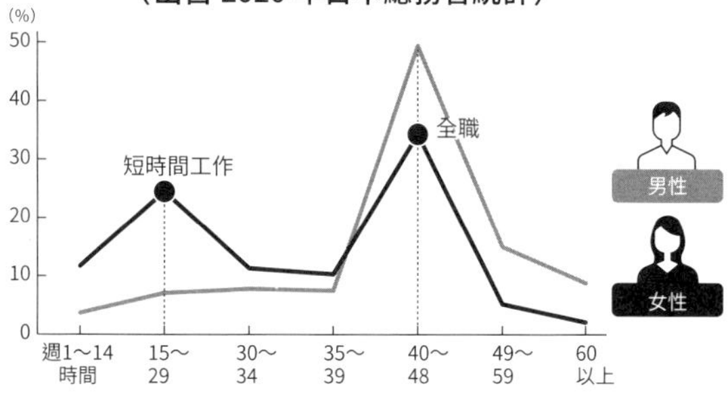

「以正職員工來說，正因為主管階層以上的女性較少，作為基層員工的女性較多，加上在派遣員工之中女性占大多數，使得男女整體的薪資差距拉得更開。然而，在管理階層坐享其成的大叔們薪水高，而不可或缺的女性基層員工薪資卻很低，究竟是為什麼呢？一直以來我都認為賺錢很重要，因為在社會上的發言權，和賺多少有很大的關係。」

她認為根本的原因是，「日本社會對『男人上班，女性持家』的性別分工依舊有很深的成見，女性出去賺錢，就會被認為『不體面』的文化始終存在，我想這也是影響之一。」

她接著快速地說，解決辦法是「女人要先對自己有自信，要是職場上女性的數量再增加兩三成左右更好，有能力談加薪的人，就應該去談。然後，必須正視自己到底想做什麼，不要有太多的顧慮，如果必須請求支援，就得合理地要求。」

她說的話深深地打中了我，「女性能賺錢很重要」，這件事讓我特別有感觸，沒有任何理由可以合理化女性的低薪問題。

和她聊著聊著，我想起了一篇，日經新聞在二〇二二年一月十六號早報頭版刊載的報導——〈女性就業另一個M形工時差異反映的男女不平等〉。報導重點是三十幾歲的女性因為生產或育兒離職等就業率下滑的「M形曲線」消失了，但另一方面，如果著眼在工時，會分成全職和短時間工作的兩個頂點的就只有女性，所以浮現出「另一種M形曲線」。雖然不用因生產或育兒辭職的職業婦女增加了，從正職職員的比例看來，男女的差距還是很大，一看圖表就能清楚地看到這種「依然殘存在日本社會中的扭曲現象」。

「在日本，以正職員工的身份工作負擔太重了」，日常性加班或是必經的外派調動等，文章呈現出工作和家庭生活難以兼顧的主因，指出這種痛苦老是壓在女性身上。

應該鼓勵更多女性進入金融業等女性較少踏入的領域，賺取更多薪水，必須改變非正職員工或低薪工作多半是女性的現狀。

二〇二〇年開始的新冠疫情，使女性和社會弱勢更加痛苦。疫情打擊較嚴重的餐飲業和旅館業，被解雇或被放無薪假的女性增加，被丈夫家暴的諮商個案也變得比疫情前多。更因為遠距工作的普及，使得女性被工作壓力和家事負擔壓得喘不過氣，選擇自殺的女性不斷增加。甚至出現了新的詞彙—把「她」（she）和「景氣衰退」（recession）結合的「女性失業」（she-cession）。女性貧窮問題和歧視，在疫情下，已經是誰都看得出來的社會現象。不應該再放任不管，縱容總是折磨女性或弱勢族群的社會。

缺少典範人物的「退休女子」

現在六十歲的我，已經接近退休年齡，聽到公司前輩提到「退休女子」這個詞的機會也變多了，然而，我卻依舊會感受到「大叔之牆」。

尋找事業第二春，不論是誰都很辛苦，但對女性而言還是較為困難。有一次，我有機會跟轉職公司的人談，一問對方「女性換工作很辛苦吧？」雖然對方說「不，也不會。我的講法可能不太好，但女性的價值稀少，有那個需求。」可是我沒辦法馬上相信他的說法。

一般來說，男性有他們堅強的人脈，不論是介紹朋友來同一間公司工作，或是得到誰的照顧，這類的事看起來比女性容易很多。很多男性喜歡在退休後爭取所謂「顧問」的頭銜，也很容易找到人幫忙想辦法。女性幾乎沒有這種情況，不但缺乏人脈網路，也沒有典範人物。

若是到退休為止都在第一線工作的女性越來越多，我想這也會成為一個大問題。如果能成為外部董事或大學教授倒是還好，但大部分的女性後退休後很少有這樣的機會。

職業婦女們退休後該怎麼生活呢？如果沒有典範人物，大概會感到不安吧。但在這種時候又好像會有人說「男人得養活妻小，就算孩子獨立了，還有妻子要養。相比之下，女人有丈夫可以靠，如果是單身女性的話，應該也有能養活自己的存款吧。」

若是性別角色甚至還會影響到退休後的人生，女人也太辛苦了吧。

多元時代的領導者

看到我寫得種種內容，或許大叔們正想著「唉呀，女人果然就是麻煩」，日本至今依舊是以男性為主的社會，大部分的人似乎都很有默契地一起吞聲忍氣，男人就算在工作上碰到不合理的事，也多半會為了養家餬口而忍耐。但在某種意義上，我認為忍氣吞聲，以大局為重的時代已經結束了。

作為領導者，不能害怕麻煩，為了解決問題，也必須積極溝通。如果在以前的時代，也許那種上面說什麼下面就跟著做，大喊「跟著我吧」的傳統型領導人物還行得通。可是，在現在這個多元時代，正需要讓各式各樣的人都能存活、溝通能力強、很會組織隊友的領導者，我認為也許比起男性，說不定女性更適合擔任領導者。

和得一邊照顧孩子一邊工作的記者學妹聊天時，曾經聊過這件事：「採訪需要團隊合作。我希望領導人能了解每個記者的個性，並具備『看人的能力』，以及能讓大家發揮所長的『培養人的能力』。」我想不論哪個業界都一樣。

她也說，「我沒辦法像佐藤學姐一樣工作。」

我有點不甘心，心想「講得還真直接」，另一方面也不得不接受她的說法。

我在男女雇用機會均等法實施後的隔年進入報社，一直都以政治記者的身份生活著。永田町、霞之關、報社，我生活的主要場域都是有相當收入和社會優勢的男人社會。他們大多數從出生就因為是「男人」被加分，一點都不會懷疑男性優勢的社會有什麼問題。從大約三十年前就被丟進這個男人社會的我，雖然對「大叔」社會感到厭煩，可是也選擇了跟他們同步工作。

認識的女記者裡，很多人說「我可沒辦法那樣」，很快轉調到別的部門。當時我對她們的「脫隊」很不滿，但現在想想也是正確的選擇。但另一方面，我對自己的生存方式也不後悔。就像第一章也寫過的，「女性不是因為沒有能力所以不能工作，只是環境使然」，我想證明自己也能跟男人一樣拼命工作。那是我的任性和自負，雖然也知道感覺沒什麼意義，可是我就是不得不那麼做。人生也許就是如此。

現在這個時代，大家都能理解「女性不是因為沒能力所以不能工作，只是環境使然」，之後的關鍵就在於我們要怎麼具體改變環境。

大叔們也要重新反省自己被加分的優勢，希望他們能看看女人和社會弱勢，然後踏出改變社會的一步。

我希望年輕世代的女性們，要相信時代會改變，社會會變得更好，能不畏恐懼地堅強向前邁進。

「大叔之牆」，不是要拿來跨越，而是要奮力破壞。

結語

某天，不認識的人突然寄了 E-mail 來。打開一看，發現是來自某位編輯的邀約，「女性們該如何面對男性社會的『高牆』呢？希望您能回顧自己身為政治部長的生命歷程，來寫一本書。」

我考慮了一陣子，老實說，我很快地想了想，「寫那種書的話，一定會有很多男人反彈吧。政治記者必須在男性社會下生存，之後在工作上一定會碰到更多阻礙，在公司可能也很難待下去。」但我最後還是在回信上寫下，「是我也有興趣的主題，我想寫。」我原本以為自己猶豫了更久，但事隔一陣後再回去查，發現我收到郵件後的一個半小時，就答應要寫這本書。

到那時候為止，我跟女性政策的採訪完全無緣，雖然對自己到底能不能寫書完全沒自信，但馬上下定了決心，我想是受到當時新冠肺炎大流行的影響。在正文裡也有寫到，疫情下非正職員工的生活受到打擊，之前眾人視而不見的女性貧困，已經清楚到誰都看得出來。只因為是女性，作為正職員工工作的機會較少，必須接受低薪的非正職員工的身分，才能生存，一旦發生什麼事都會輕易地被裁員，我覺得很恐怖。要是被說「事到如今妳還有什麼好說的？不就因為你們媒體沒有好好地報導這個問題，讓大家看見嗎？」我也沒有辦法反駁。

如果被問到寫這本書的動機，大概是「不能讓女性一直忍受這樣惡劣的環境，我想從自己能做的事做起」。這本書裡，沒有直接讓在疫情下失去工作、陷入困境的女性登場。除了自己的經驗，都是由我的朋友、身邊認識的人的故事所構成。

雖然我也可以用「女性在疫情下的困境」為主題去採訪，再把那些人的故事放進書裡，就算是臨時抱佛腳，還是會看起來像是借來的東西，所以我沒有選擇這種方式。相反的，我把自己的經驗，還有把以前聽過的故事重新詢問當事人後再寫出來，讓內容更豐富，我能保證，這本書提到的每一個故事都是真的。

有朋友因為調動或搬家十分繁忙，在我猶豫要不要為此打擾她時，她卻跟我說：「沒事沒事，不管再怎麼忙，關於職業婦女所遭遇的高牆，我一定要好好說出來，妳不用介意。」

寫作時我訪問了幾十位朋友和認識的女性，重新聽了她們的故事，沒有任何人拒絕我的邀約。不如說她們非常積極地想幫忙，告訴我發生過什麼事，清楚地和我說她認為真正的問題是什麼，非常有說服力。在聽這些故事時，我有自己也跟著受訪者一路走來的錯覺。

雖然沒在正文裡登場，實際上我也問了幾位男性友人。熟識的男性中堅眾議院議員為我擔心，「寫那種書沒問題嗎？佐藤女士，妳不會被公司開除吧？」，在某個餐會上，同桌有其他公司的男性記者，聽到我要寫書後，他說：「嗯……我覺得妳應該不會被趕走，但可能會很難待下去吧。」

但是很多人的反應卻是「喔，很有趣啊，可以寫我的故事。」每次的採訪，大家都對我想表達的立場有更多的理解。當然也有喝醉酒和我抱怨「我不太懂我們男人該怎麼做比較好？希望妳可以寫到讓我可以看懂」的人。

因為我是政治記者，身邊認識的男性很多都是熟悉政治或經濟的政治家、官員、記者等等，就算立場不同，男性們都會滔滔不絕地大談政治或經濟。

但只要一談到跟性別平權相關問題，很多男人都不太知道自己要說什麼。常常會說出像是「性別平等？我覺得那是很重要的議題啊。」、「可選擇的夫婦不同姓氏制度？我知道啊，改變姓氏的話，女性就會感覺失去自我了對吧？」很多時候我一邊說著話，內心一邊想吐槽，「怎麼啦？總是很自以為是的對政策滔滔不絕，其實你根本沒有認真思考過性別平權吧？」

清楚表達自身觀點的女性vs不知道該說什麼困惑的男性。也許有人會說「那跟是不是當事人有關」，可是男人明明也是當事人，只是他們沒察覺到而已不是嗎？所以我希望女性可以閱讀這本書，當然也很想讓「大叔們」讀一讀。女性生活在日本社會上的痛苦，也和男性息息相關。

最後，想對本書編輯，講談社現代新書的井本麻紀女士獻上我的感謝。邀請我寫書的郵件就是她寫的，如果沒有她的關注和熱情，這本書不會誕生。

雖然我講了很多自己的故事，但寫完這本書後，卻感覺好像不是自己寫的，有種很奇妙的感覺。我想這是因為聽了很多女性的故事，像是也跟著體驗了她們的人生一樣。這本書收錄了眾多女性的心聲，我祈禱能在讀者心中掀起漣漪，讓漣漪慢慢地擴散。

二〇二二年春

佐藤千矢子

社科苑05

大叔之牆

掙脫男性優位主義的枷鎖，日本首位全國性大報女性政治部長的奮鬥實錄

作　　者：佐藤千矢子
翻　　譯：高彩雯
編　　輯：林詩恩
校　　對：林詩恩、曹仲堯
封面設計：萬勝安
內頁排版：簡單瑛設
行銷企劃：張爾芸

發 行 人：洪祺祥
副總經理：洪偉傑
副總編輯：曹仲堯
法律顧問：建大法律事務所
財務顧問：高威會計師事務所

出　　版：日月文化出版股份有限公司
製　　作：EZ叢書館
地　　址：臺北市信義路三段151號8樓
電　　話：(02) 2708-5509
傳　　真：(02) 2708-6157
客服信箱：service@heliopolis.com.tw
網　　址：www.heliopolis.com.tw
郵撥帳號：19716071日月文化出版股份有限公司

總 經 銷：聯合發行股份有限公司
電　　話：(02) 2917-8022
傳　　真：(02) 2915-7212

印　　刷：中原造像股份有限公司
初　　版：2023年 10 月
定　　價：350元
I S B N：978-626-7329-66-5

大叔之牆：掙脫男性優位主義的枷鎖，日本首位全國性大報女性政治部長的奮鬥實錄 / 佐藤千矢子著；高彩雯譯 . -- 初版 . -- 臺北市：日月文化出版股份有限公司 ,2023.10
譯自：オッサンの壁
面；　公分 . -- (社科苑 ;05)
ISBN 978-626-7329-66-5(平裝)

1.CST: 女性　2.CST: 性別歧視
3.CST: 女性主義　4.CST: 日本
544.52　　112014324